现代职业教育应用技术型人才素质训练丛书

U0648636

TUANDUI TUOZHAN XUNLIAN JIAOCHENG

团队拓展训练教程（第四版）

◉ 主编　张莉莉

◉ 副主编　麻桂新　孙珙娜

东北财经大学出版社　大连
Dongbei University of Finance & Economics Press

图书在版编目（CIP）数据

团队拓展训练教程 / 张莉莉主编 . —4 版 . —大连：东北财经大学出版社，2022.7

（现代职业教育应用技术型人才素质训练丛书）

ISBN 978-7-5654-4497-5

Ⅰ．团…　Ⅱ．张…　Ⅲ．企业管理–组织管理学–职业教育–教材　Ⅳ．F272.9

中国版本图书馆 CIP 数据核字（2022）第 049527 号

东北财经大学出版社出版

（大连市黑石礁尖山街 217 号　邮政编码　116025）

网　　　址：http://www.dufep.cn

读者信箱：dufep@dufe.edu.cn

大连图腾彩色印刷有限公司印刷　东北财经大学出版社发行

幅面尺寸：185mm×260mm　　字数：241 千字　　印张：11

2022 年 7 月第 4 版　　　　　　2022 年 7 月第 1 次印刷

责任编辑：张晓鹏　宋雪凌　　　　　　责任校对：包利华

封面设计：原　皓　　　　　　　　　　版式设计：钟福建

定价：30.00 元

第四版前言

拓展训练是大学生"挑战自我，熔炼团队"的一种全新的学习方法和训练方式。它以合作意识、进取精神的激发和升华为宗旨，利用户外特殊的场地和崇山峻岭等自然环境，配合精心设计的各种挑战性质的团队活动，使参与者更深入地探索自我，挖掘自我潜能，体会个人与团队的关系，突破自己的固有模式，学习如何面对恐惧和困难，确立信心，培养团队合作精神，增强团队活力、创造性和凝聚力。知识和技能只是通常意义上的人力资本，而强烈的进取心、顽强的拼搏精神与意志力、良好的沟通与合作精神，更是无形的力量。怎样才能使有限的知识和技能释放出最大的能量，怎样才能激发出那些一直潜藏在每个人身上而人们又未必真正了解的能力，怎样才能实现与他人的良好沟通并且弄清这种沟通究竟能够深入到什么程度，怎样才能有效地破除个人自我中心概念进而改变自我对他人和社会的冷漠心态，这些是拓展训练的真正意义所在。

近年来，团队拓展训练活动在越来越多的企业中得到运用，并在企业团队建设、培养高素质员工方面发挥了重要作用。随着教育体制的不断发展与演变，越来越多的教育工作者发现团队拓展训练这种新型的体验式教学模式对学生各方面素质的提高及未来的职业生涯发展均有相当程度的影响，对培养学生的团队意识和创新实践能力起着重要的作用，于是更多的教育工作者投入其中开展研究与实践工作，使得团队拓展训练活动越来越多地走进高校。

团队拓展训练不同于一般的实训活动，它把管理学、组织行为学、人力资源管理、演讲与礼仪等方面的知识和应用与拓展训练的项目结合在一起。希望本教程能为高等学校、企事业单位在开展团队拓展训练的过程中，在实训内容的设置依据、贯穿的实训理念、实训组织流程、考核体系等理论框架的构建方面提供启发，在实践基地建立、训练模式、拓展师资模式、组织与管理模式建设等实务运作方面提供借鉴。

本教程第四版是在第三版的基础上修订而成的。在新冠肺炎疫情防控进入常态化的背景下，户外团队拓展活动时而会受到场景的限制，团队室内拓展活动在某种程度上替代了部分户外活动。相对于第三版，本版增加了"室内拓展训练项目"一节。

全书共分为6章，具体内容如下：第1章简要介绍了团队拓展训练的起源与发展；第2章概述了团队拓展训练的相关理论；第3章简要介绍了学生应掌握的一些安全常识、野外生存常识等；第4章介绍了团队拓展训练活动的基本流程；第5章介绍了团队拓展训练的主要项目（包括部分室内团队拓展训练项目）；第6章以实际教学案例为背景，介绍了团队拓展训练的动员和实施。

本教程由张莉莉担任主编，麻桂新、孙珙娜担任副主编。其中，张莉莉负责全书统稿和部分章节的编写，麻桂新和孙珙娜负责部分章节的编写和图片编配。其具体分工如下：第1、5章由张莉莉修订编写，第2章由张莉莉和麻桂新共同修订编写，第3章由麻桂新修订编写，第4、6章由孙珙娜修订编写。

本教程是编者在多年开展团队拓展训练的经验基础上，结合指导学生实训的实际情况编写而成的。感谢沈阳工学院副校长李文国教授从2002年起就将"团队拓展训练"引入学校课堂，并且带领着拓展训练教学团队在理论研究和实践研究方面积累了丰富的教学成果，使之成为提升学生综合素质的金牌实训项目。感谢大学生拓展训练教学团队吴云勇、张颖、常志远、刘尚舒、毕洪丽、苏晓寒、董鸿飞等教师，他们与本教程的其他编写人员共同为书稿的完成和本教学项目的实施做出了贡献。

由于编者水平有限，本教程难免有疏漏之处，敬请读者批评指正！

编　者

2022年4月

目　录

第1章　团队拓展训练与发展　　　　　　　　　1

1.1　拓展训练的起源　　　　　　　　　　　　1

1.2　拓展训练的创建　　　　　　　　　　　　2

1.3　拓展训练在国内外的发展　　　　　　　　3

1.4　高校团队拓展训练情况　　　　　　　　　5

第2章　团队拓展训练理论基础　　　　　　　　7

2.1　体验式学习　　　　　　　　　　　　　　7

2.2　团队与团队学习　　　　　　　　　　　　9

2.3　冒险学习与避险求生学习　　　　　　　　34

2.4　多学科的理论学习　　　　　　　　　　　35

第3章　团队拓展训练常识　　　　　　　　　　38

3.1　拓展训练的安全常识　　　　　　　　　　38

3.2　拓展训练学员行为规范　　　　　　　　　39

3.3　野外急救常识　　　　　　　　　　　　　43

3.4　野外生存技巧　　　　　　　　　　　　　46

3.5　野外宿营常识　　　　　　　　　　　　　51

第4章　团队拓展训练活动流程　　　　　　　　59

4.1　前期准备　　　　　　　　　　　　　　　59

4.2　挑战体验　　　　　　　　　　　　　　　61

4.3　分享总结　　　　　　　　　　　　　　　63

4.4　提升心智　　　　　　　　　　　　　　　64

4.5　改变行为　　　　　　　　　　　　　　　65

4.6　团队拓展训练活动流程实例　　　　　　　65

第5章　团队拓展训练项目介绍　　　　　　　　71

5.1　热身项目　　　　　　　　　　　　　　　71

5.2　场地项目　　　　　　　　　　　　　　　80

5.3　高空项目　　　　　　　　　　　　　　　100

5.4 水上项目 105

5.5 野外项目 107

5.6 组合项目 111

5.7 室内拓展训练项目 135

第6章 团队拓展训练教学实例 140

6.1 拓展训练动员 140

6.2 拓展训练实施 140

附录一 团队拓展训练过程记录 154

附录二 拓展感言——你的体会，我的感悟 162

附录三 某高校三天团队拓展训练流程表 166

附录四 拓展常用器材名录 168

参考文献 169

第1章

团队拓展训练与发展

1.1 拓展训练的起源

拓展训练是一种户外体验式训练，源于英文"Outward Bound"（OB），是一个航海术语，直译是"出海的船"（如图1-1所示）。它是船只出发前用于召唤船员上船的旗语，表明船出发的时刻到了，船员们看到后会很快回到船上整装待发。而现在Outward Bound作为一种学习方式的名称，被越来越多的人接受，并被诠释为：一艘小船在暴风雨来临之际，离开安全的港湾，驶向波涛汹涌的大海，去迎接未知的挑战，在面临风险与困难的同时，也可能发现新的机遇。

图1-1 团队拓展训练源于海上探险

Outward Bound来源于一个真实的事例：在第二次世界大战时，盟军在大西洋的物资供应线屡遭德国纳粹潜艇的袭击，大西洋上有很多船只由于受到攻击而沉没，大批船员落水，由于海水冰冷，又远离大陆，绝大多数船员在运输船被击沉后就葬身大海，只有极少数人得以生还。人们发现绝大多数生还者不是身体强健、反应机敏的年轻船员，而是年纪偏大的老水手。

经过一段时间的调查研究分析，救生专家们终于找到了原因：能否在危难中生还，心理是否健康、意志是否坚强起着决定性的作用。那些老水手具有良好的心理素质，能够勇敢地面对危险，沉着分析处境，运用丰富的经验找到克服困难的办法。当灾难到来时，他们有强烈的求生欲望，首先想到的是：我一定要活下去。而年轻水手，尽管身体强健，可当灾难来临之际，更多地会认为：这下完了，我不能活着回去了。他们看不到生还的希望，想不到求生的办法，丧失了活下去的信心，以为这就是生命的终点。精神的沮丧让心理防线全面崩溃，必死的念头拖垮了身体，从而导致脑力活动的终止和体能的迅速下降，因此很快就葬身海底了。

1.2　拓展训练的创建

拓展训练是由德国教育家库尔特·汉恩（Kurt Hahn）提出的。他对海员幸存者的研究做出了许多贡献。他研究并且设计了一些人工设施和自然条件，模拟海难发生时的情境，让那些年轻的海员参加一些具有心理挑战的活动和项目，以训练和提高他们的心理素质，提高应对海上危机的求生能力。1938年汉恩获得了英国国籍，其后他呼吁英国战争委员会在部队中实行一种训练方式，这种训练方式能够在几个月内让英国士兵在耐力、胆识和自卫能力方面不亚于德国士兵。

后来汉恩又提议开办了一所新型的学校，课程运用汉恩的"城郡徽章计划"来改变年轻人的心态，培养年轻人的身体素质、事业心、韧性以及激情，这是一个宏大的计划。学校会对入校的年轻人进行为期一个月的培训，课程包括小船驾驶训练、体能达标训练、越野训练、救援训练、海上探险、穿越三个山脉的探险训练，以及为当地居民的服务活动，这就是拓展训练模式的开端。

从最初在阿伯德威开始，Outward Bound学校一直在发展，但始终没有脱离汉恩的基本理念，即在自然环境中获得挑战的深刻体验。通过这种体验，个体能够建立起对个人价值的认知，这个小组也会更清楚地意识到人类之间的相互依靠，以及所有人都要关心处于困境和危险中的人们。

汉恩认为，随着社会的进步，人们进入工业化社会，很多社会人士和管理者经常会身处与落海水手相同的境遇。飞快的生活节奏和复杂的人际关系，往往会造成很多人思想保守、情绪焦躁、精神压抑，更为严重的是很多人承受不了压力之后往往会做出极端的行为，会给企业和个人带来很大的损失。于是，以培训管理者和企业员工为对象、以培训管理者的心理适应能力和管理技能作为培训目标的学校就出现了。

如今，拓展训练已发展成为全球规模最大和历史最悠久的户外体验式教学模式。拓展训练在我国能得到迅猛发展，从本质上讲，是其自身功能与价值决定的，是拓展训练符合人们需要的结果。为了使拓展训练能在我国长期稳定地发展，应首先对拓展训练的功能与价值进行研究，以求得共识。

1.3 拓展训练在国内外的发展

1.3.1 拓展训练在国内的发展

1970年，中国香港成立了香港外展训练学校。这是中国第一个加入 Outward Bound 国际组织的专业培训机构。1999年，该组织在广东肇庆建立了外展训练基地，是国内第一个该组织下属的培训基地。1994年，刘力先生把"拓展训练"这4个字抢先注册，创办了国内第一所专业的体验式培训机构——北京拓展训练学校，并将其体验式培训产品命名为拓展训练。1995年3月15日成立了"人众人教育"（GROUP），1996年正式创立了培训知名品牌——拓展训练。

拓展训练以独特的培训模式和新颖的培训项目，给国内的培训领域带来了前所未有的震撼。经过短短几年的发展，培训机构犹如雨后春笋般地增长。北京奥特世纪拓展师培训中心整理的数据显示，在国内比较正规且形成规模的拓展培训机构已有328家，而参与组织拓展训练或"类拓展训练"的机构，包括户外运动俱乐部、管理咨询公司等已达到千余家。

1999年，我国拓展训练在经历了四年的发展和提高后，与学校教育在培训活动中有了第一次亲密接触。北京大学、清华大学的 EMBA 学员也把拓展训练纳入课程体系之中，让学生到拓展培训公司参加拓展活动。几乎在同一时期，中欧国际工商学院、中山大学岭南学院、浙江大学、暨南大学等学校的 MBA/EMBA 教育中，也纷纷把拓展训练作为指定课程内容。2002年在教育部体育卫生与艺术教育司倡导下，首次在高校体育课程中引进了拓展训练的内容。目前部分有条件的高校已配置了相关设备并开设了拓展课程。图1-2、图1-3显示的是一个高校团队拓展训练基地。

图1-2 高校团队拓展训练基地（一）

图1-3 高校团队拓展训练基地（二）

1.3.2 拓展训练在国外的发展

第二次世界大战结束之后，Outward Bound这种新型学校并没有因为其历史使命的结束而结束。这种具有独特创意的特殊训练方式得到了推广，训练对象由海员扩大到军人、学生、工商业人员等群体。训练目标也由单纯的体能、生存训练扩展到心理训练、人格训练、管理训练等。

1946年，Outward Bound信托基金会（Outward Bound Trust）（Outward Bound以下简称OB）在英国成立，目的是推广OB理念，并筹集资金创办新的OB学校。OB信托基金会拥有OB的商标，掌握着该商标使用许可证的发放。1962年美国人乔什·曼纳（Josh L.Miner）在美国成立科罗拉多OB学校，并于1963年正式从OB信托基金会获得许可证书，成为真正将拓展训练推广开来的人。

将拓展训练在学校教育推广开来的是美国一所高中的校长皮赫（J.Pieh）。经过不懈努力，皮赫将拓展训练的方法应用于学校教育中，与学校制度结合起来，为教育开辟了新的思路和领域。1974年，拓展训练实践活动的大纲出台后，受到了世人的瞩目和好评，该大纲被"全美教育普及网络"（NDN）评选为"优秀教育大纲"之一。随后，在美国，一直沿用该大纲的高中达到90%。

1964年1月9日，组成OB法人组织（Outward Bound Inc）的文件在美国起草，经过不断的发展，OB学校已经遍及全球五大洲，共有40多所分校。在亚洲，新加坡最早建立了OB学校，此后中国香港以及日本、韩国先后引进这种体验式教育的课程模式。

1.4　高校团队拓展训练情况

1.4.1　有关高校开展拓展训练的理论研究

通过搜索中国期刊网和相关数据库发现，有关拓展训练的研究论文有2 900余篇，现对其进行分析整理如下：

（1）《将拓展训练引入高校公共体育课的研究》《高校体育教学中开展拓展训练的可行性分析》《高校体育课程拓展训练的可行性和必要性》《高校体育教学中拓展训练的应用策略探讨》《论高校体育教育与大学生健全人格的塑造》等文章，对拓展训练引入高校公共体育课的背景、指导思想和目标、教学内容的构建和实施、师资培养等方面进行了探讨，从理论角度分析了高校体育教学开设拓展训练的可行性和必要性。

（2）《高校体育教学中实施拓展训练的理性思考》《拓展训练对大学生体育参与意识与体育行为的影响》《拓展训练教学对提高普通高校学生合作能力的影响》《"拓展训练"在高校推广的误区及开设措施探讨》等文章，采用文献资料、实验法等方式，对高校体育教学引入拓展训练能提升大学生体育锻炼价值观、改善体育锻炼情绪、延长课外体育锻炼时间以及提高大学生合作能力等进行了具体分析与论证。

（3）一些拓展训练业内人士根据自己的实践经验，参照相关文献和拓展训练的自身规律，出版了一些拓展训练的专著，比较有代表性的有毛振明等人的《学校心理拓展训练》、胡炬波的《户外运动与拓展训练》、张吾龙的《潜能与发展学生素质拓展训练》、钱永健的《拓展训练》、陶宇平的《户外运动与拓展训练教程》、谢恩杰的《学校拓展训练》、常桦的《自助拓展训练》以及应菊英的《职业素质拓展训练》等著作。这些著作对拓展训练的起源、发展状况、理论基础、课程分类以及一些经典的拓展训练项目的宗旨、步骤和启示等进行了阐述，为拓展运动在我国的推广和发展起到了良好的借鉴作用。

1.4.2　辽宁省部分高校开展拓展训练的现状

目前，辽宁省只有部分院校（辽宁大学、沈阳建筑大学、沈阳农业大学、沈阳理工大学、辽宁工程技术大学、沈阳航空航天大学、沈阳工学院、辽宁交通高等专科学校、辽宁建筑职业技术学院等）开设了拓展训练课程，从开设情况看还属于尝试阶段，因此也无法保证课程目标的进一步达成，课程标准和课程实施也没有可操作的理论指导。造成此现状的原因是多方面的：

（1）目前培训公司开展的拓展训练本质上是一个短期培训，需要专门的场地器械和专业培训师，是一种具有商业性质的培训活动。如果将培训界采用的拓展训练照搬到学校体育课上开展课程教学是不切实际的，有三点原因：第一，作为短期培训的拓展训练是无法列入体育课程进行系统教学的，体育教学具有分学段、学年、学期和多学时的特征；第二，培训公司的拓展项目在人数上的安排不符合学校体育教学实际人数的要求；第三，高成本的专业场地器械和专业培训师不符合各个学校的实际情况。图1-4为高校团队拓展训练场地。

图1-4　高校团队拓展训练场地

（2）没有将拓展训练课程化，导致现阶段各地学校不足以应对拓展训练课程化进程中层出不穷的问题。只有将拓展训练课程化才能脱离拓展训练落入体育游戏的俗套，有益于补充体育课程体系；只有将拓展训练课程化才能解决课时的分配、课程的组织和实施等问题；只有将拓展训练课程化才能依据学生需求和学校条件进行拓展项目的筛选、引进和改造。图1-5是团队拓展训练集合场景。

图1-5　团队拓展训练集合场景

第2章

团队拓展训练理论基础

团队拓展训练理论基础是指团队拓展训练活动设计和开展所依据的理念和原理，是对拓展训练活动的理论指导。团队拓展训练是融体验式学习、团队与团队学习、冒险学习与避险求生学习以及多学科的理论学习为一体的素质教育形式，通过该种形式的训练，可以使受训者获得身心一体的锻炼和成长，并能最大限度地达到训练的目的和意义。

2.1 体验式学习

拓展训练的成功开设，需要按照 Outward Bound 所推崇的学习理念，运用体验式学习的课程模式，在学校教育中获得认可。体验式学习理论的建构者凯斯西储大学（Case Western Reserve University）教授大卫·科尔博（David Kolb）给出的体验式学习的概念为：人们在以往的体验和知识的基础上，通过自己的经历或对事物的观察进行有意识或无意识的内在化中获得对事物的洞察。

体验式学习是将身体运动、思想、感觉、情绪、智力形态等都包括进去，因而对学习者产生的记忆痕迹也是最深的。有位哲人曾提出"我听，我忘记；我看，我记得；我做，我学到；我教，我掌握"。可见，学生从亲身参与中获取知识，可以牢记所学内容，学习效果显著。图2-1是团队拓展训练体验式项目——车轮滚滚。

大卫·科尔博于1984年提出了一个著名的、广为人们接受的体验式学习模式。其高度强调一切学习以体验、注意为起点，而后进行反思、解释与共享，在此基础上进行深入处理、转化和有效的归纳整合，形成对个人成长有用的信息，最后通过实践应用验证它的可行性，并利用经验又进入另一个学习循环。在大卫·科尔博的学习周期基础上，哈尼和莫姆福特（1992）根据人们在学习周期中对各个阶段的偏好，总结出四种不同的学习风格：积极型、反思型、理论型和务实型。

拓展训练课通过"寓教于乐"能够更好地激发学生的兴趣，通过课程设计将刺激的、学生期待的活动安排在每节课中，让学生在体验中得到一种不同寻常的快乐；体验

图2-1　团队拓展训练体验式项目——车轮滚滚

式学习拓展教师通过调动学生，将被动学习变为主动学习的过程，把"要我学"变成"我要学"。在体验式学习中采用活动项目学习，学生不再是被动地和单向地接受知识和技术，也不仅仅是参加娱乐活动，而是让学生在各种"游戏"中挑战、感悟、反思，从做中学，在学中乐，学生乐于接受这种学习方式，从而实现了真正的"寓教于乐"。

积极参与体验增强了学生的学习积极性。在传统教学中，教师是教学的中心，学生只需要专心听讲，认真记笔记，认真模仿即可；而体验式学习则以学生为教学过程的主体，强调学生的主动性和参与性，在特有的情境中激发所有学生积极努力的"挑战欲"。体验式学习重在参与，假若没有这种参与，就没有经历，也就难以产生任何体验，更谈不上学习过程的完成。

体验式学习是知识与实践之间的一座桥。学以致用是传统教育的一个难题，很多大学生走出校园后，还要重新接受较长时间的培训，原因之一是学生很少有应用知识解决实际问题的场所、时间和机会。体验式学习把概念、知识和技术设计成一个互动式的学习过程，学生通过自己的亲身经历和体验，了解概念与活动内容的关系，把这些经验转移到学习、生活和工作中，使自身的态度、行为、技巧有所进步，认知能力及人际关系也会得到提升和改善。

拓展训练和许多体育活动相似，有许多类似游戏的活动，作为体验式学习模式，拓展训练又高于简单的游戏过程，注重活动之后的反思和归纳整合两个阶段。如果我们在进行体验式学习的时候，从体验阶段跨越到应用实践阶段，而忽略了反思和归纳整合两个阶段，那么重要的学习环节就会被覆盖住，犹如沉在海面下的冰山的巨大底座一样，蕴藏着的巨大学习空间和激发潜能的机会就无从被发现。学习型组织的创始人彼得·圣吉提出：只有当反思和归纳整合开始的时候，才是学习真正产生效果的时候。拓展训练是一种不仅重视体验和实践而且更注重体验后的反思和归纳整合的完整的体验式学习。在拓展训练活动操作的时候，体验和实践阶段用时占总课时的65%，反思、归纳整合和提升阶段占总课时的35%。传统体育项目可以借鉴这种模式，适当改变一下教学流程会产生意想不到的效果。

2.2　团队与团队学习

拓展训练的首要功能之一是塑造团队、培养队员的合作意识，许多训练项目是需要整个团队的协作与配合才能完成的，如图2-2所示。

图2-2　团队协作与配合

2.2.1　团队

1.团队的概念

团队是指为了实现某一目标而由相互协作的个体所组成的正式群体，是由员工和管理层组成的一个共同体，它合理利用每一个成员的知识和技能协同工作，解决问题，达成共同的目标。《慧人慧语》中说："团有才字，队有人字，优秀团队聚集人才。"也就是说，团队应该是人才的聚集之地。一个人再优秀，总会有劣势需要其他成员进行补充。一个人有再大的才能，单枪匹马也不能成为英雄，团队是现代组织工作的基本协作形式。

2.团队的5P要素

团队有5个重要的构成要素（5P），分别是：目标（Purpose）、人员（People）、定位（Place）、权限（Power）、计划（Plan）。团队应该有一个既定的目标，为团队成员导航，知道要向何处去，没有目标的团队就没有存在的价值。人是构成团队最核心的力量，目标是通过人员具体实现的，所以人员的选择是团队中非常重要的一部分。团队的定位包含两层意思：一是团队在整个组织中处于什么位置；二是作为个体成员在团队中扮演什么角色。权限是促成团队实现目标的有力保障，如财权、人权、信息权等。凡事预则立不预则废，只有在计划的指引下团队才会一步一步地贴近目标，从而最终实现目标。

3.团队建设

团队建设是事业发展的根本保障，团队运作是业内人士通过长期实践得出的经验总结。团队的发展取决于团队的建设。团队建设应从以下几个方面进行：

（1）组建核心层

团队建设的重点是培养团队的核心成员。俗话说："一个好汉三个帮。"领导人是团队的建设者，应通过组建智囊团或执行团，形成团队的核心层，充分发挥核心成员的作用，使团队的目标变成行动计划，从而使团队的业绩得以快速增长。团队核心层成员应具备领导者的基本素质和能力，不仅要知道团队发展的规划，还要参与团队目标的制定与实施，使团队成员既了解团队发展的方向，又能在行动上与团队发展方向保持一致。大家同心同德、承上启下，心往一处想，劲往一处使。

（2）制定团队目标

团队目标来自团队的发展方向和团队成员的共同追求。它是全体成员奋斗的方向和动力，也是感召全体成员精诚合作的一面旗帜。核心层成员在制定团队目标时，需要明确本团队目前的实际情况。例如，团队处在哪个发展阶段，是组建阶段，上升阶段，还是稳固阶段？团队成员存在哪些不足，需要什么帮助，斗志如何？制定目标时，要遵循目标的SMART原则：S——明确性，M——可衡量性，A——可接受性，R——实际性，T——时限性。

（3）训练团队精英

训练团队精英是团队建设中非常重要的一个环节。建立一支训练有素的销售队伍，能给团队带来很多益处，如提升个人能力、提高整体素质、改进服务质量、稳定销售业绩。一个没有精英的团队，犹如无本之木；一支未经训练的队伍，犹如散兵游勇，难以维持长久的繁荣。训练团队精英的重点在于以下两个方面：

建立学习型组织：让每一个人认识学习的重要性，尽力为他们创造学习机会，提供学习场地，表扬学习进步快的人，并通过一对一沟通、讨论会、培训课、共同工作等方式营造学习氛围，使团队成员在学习中成为精英。

搭建成长平台：团队精英的产生和成长与他们所在的平台有直接关系，一个好的平台，能够营造良好的成长氛围，提供更多的锻炼和施展才华的机会。

（4）培育团队精神

团队精神是指团队成员为了实现团队的利益和目标而相互协作、尽心尽力的意愿和作风，它包括团队的凝聚力、合作意识及士气。团队精神强调团队成员的紧密合作。要培育这种精神，首先，领导人要以身作则，做一个团队精神极强的楷模；其次，在团队培训中加强团队精神的理念教育；最重要的是，要将这种理念落实到团队工作的实践中去。一个没有团队精神的人难以成为真正的领导人，一支没有团队精神的队伍是经不起考验的队伍，团队精神是优秀团队的灵魂、成功团队的特质。

（5）做好团队激励

每个团队成员都需要被激励，领导人的激励工作做得好坏，直接影响到团队的士气，最终影响到团队的发展。激励是指通过一定手段使团队成员的需要和愿望得到满足，以调动他们的积极性，使其主动自发地把个人的潜力发挥出来，从而确保既定目标的实现。

4.团队的重要性

团队建设的好坏，预示着一家企业后继发展是否有力，也是这家企业凝聚力和战斗力的体现。管理者心里要始终装着员工，支持员工的工作，关心员工的生活，用管理者的行动和真情去感染每位员工，平时多与员工沟通交流，给员工以示范性的引导，捕捉员工的闪光点，激发员工工作的积极性和创造性，让员工参与管理，给员工创造一个展示自己的平台，形成一种团结协作的氛围，让员工感到家庭般的温暖，在这个家庭里面分工不分家，有福同享，有苦同担，个人的事就是团队的事，团队的事就是大家的事。

5.成功团队的四大特征

（1）凝聚力

成大业的人都有一个共同点，就是能将千百万人的心连在一起，这是十分独特的能力。我们跟随一个领导者，就是希望他能营造一个环境，结合众人的力量，创造一个未来！正是这种凝聚力，创造了人类的历史。

（2）合作

大海是由无数的水滴组成的，每个人都是团队中的水滴。团队的成功靠的是团队里的每位成员的配合与协作。如同打篮球，个人能力再强，没有队友的配合也无法取胜。打比赛时5个人就是一个团体，有人投球、有人抢篮板，其目的都是实现团队的目标。

（3）组织"无我"

团队拓展训练是团队的工作、集体的工作，个人的力量是有限的。成功靠团队共同推进，每个成员一定要明白，团队的利益、团队的目标重于个人的利益和目标。在团队中如果人人只想到自己的利益，这个团队一定会崩溃，团队没有了，个人的目标自然也实现不了。团队的目标就是靠这种"无我"的精神达成的。

（4）士气

没有士气的团队，是缺乏吸引力、凝聚力、战斗力的。刘邓大军挺进中原地区时，无论是兵力还是装备都处于极大劣势，但是能最终扎下根来，靠的就是大家坚定的士气，这就是最好的证明。正是这种士气，让不可能变成了可能，从此解放战争掀开了新的一页。团队应该是充满士气、昂首向前的。

2.2.2 团队精神

团队精神简单来说就是大局意识、协作精神和服务精神的集中体现。团队精神的基础是尊重个人的兴趣和成就，核心是协同合作，最高境界是全体成员的向心力、凝聚力，也就是将个体利益和整体利益统一后从而推动团队的高效率运转。团队精神的形成并不要求团队成员牺牲自我，相反，挥洒个性、表现特长保证了成员能够共同完成任务目标，而明确的协作意愿和协作方式能够产生真正的内心动力。没有良好的从业心态和奉献精神，就不会有团队精神。团队精神——队旗展示，如图2-3所示，团队精神——互相帮助，如图2-4所示。

图2-3　团队精神——队旗展示

图2-4　团队精神——互相帮助

团队与群体的主要区别在于：团队更强调个人的主动性，团队是由员工和管理层组成的一个共同体，该共同体合理利用每一个成员的知识和技能协同工作，解决问题，达到共同的目标。群体则强调共同性。两者具体区别如下：

1.领导方面

群体有明确的领导人；团队则不一定，尤其发展到成熟阶段，团队成员共享决策权。

2.目标方面

群体的目标必须跟组织保持一致；团队中除了这点之外，还可以产生个人的目标。

3.协作方面

群体的协作性可能是中等程度的，有时成员还有些消极，有些对立；团队中是一种齐心协力的氛围。

4.责任方面

群体的领导者要负主要责任；团队中除了领导者要承担责任之外，每一个成员也要承担责任。

5.技能方面

群体成员的技能可能是不同的，也可能是相同的；团队成员的技能是相互补充的，团队将不同知识、技能和经验的人组合在一起，形成角色互补，从而实现整个团队的有效组合。

6.结果方面

群体的结果是每一个个体的绩效简单相加之和；团队的结果是由团队所有成员共同合作完成的产品。

测测你的团队合作精神

当今社会的竞争日趋激烈，信息量成几何级增长。一个组织的成功不能仅仅依靠某一个人单枪匹马作战，因此团队精神的重要性不言而喻。没有团队合作精神的人，将很难在这个社会立足。那么，来看看你的团队合作精神如何？

1.当班级来了一个新同学，你会怎么做：

A.这跟我没有太大关系

B.主动和他/她打招呼，帮助他/她尽快适应学校

C.他/她跟我主动打招呼后再去帮助他/她

2.当班级组织体育活动时，你会：

A.积极参与，即使自己体育不太好也会在旁边加油

B.不是强迫参加就不参加，忙自己的事情更重要

C.自己喜欢的项目就参加，不喜欢的就不参加

3.当你和朋友一起聚餐点菜的时候，你会怎么做：

A.点自己最喜欢吃的菜

B.点大多数朋友都比较喜欢吃的菜

C.点自己喜欢，大家也能吃的菜

4.和几个朋友一起约定去景点玩的时候，你：

A.总是比约定时间早到几分钟

B.一般是最晚到，让别人等你

C.有时候早到，有时候晚到

5.你所参加的球队打比赛失败了，你会：

A.抱怨那些没打好的人

B.鼓励大家不要气馁

C.让大家一起找出原因

6.同学遇到不会做的题，而你正好会做，你会：

A.如果是自己的竞争对手就不告诉他

B.给他讲一遍，如果还是不懂的话就让他去问别人

C.耐心地给他讲解，直到他听懂为止

7.宿舍同学生病的时候，你会：

A.跟自己关系好就照顾，不好就算了

B.认为人人都应该学会照顾自己，不能指望别人

C.仔细照顾他，为他做一些力所能及的事情

8.宿舍熄灯后，你一般：

A.已经忙好事情躺在床上了

B.忙一些事情，不时发出声响

C.忙一些事，但尽量轻手轻脚

9.你的好朋友这次考试比你成绩好，你会：

A.衷心地向他表示祝贺，并向他请教

B.表面表示祝贺，心里不太舒服

C.心里很不舒服，暂时先不理他

10.对于那些学习成绩很差的人，一般情况下你会怎样看待他们：

A.他们天生就比较笨，不想和他们打交道

B.他们可能是不够勤奋，再努力点就好了

C.他们在某些方面有我所不具备的优点

11.当你和能力不如你的小组成员一起完成一项活动时，你会：

A.自己一个人干算了，免得他们做不好我还得重做

B.自己做最重要的部分，其他的分给他们做

C.按照每个人的情况，合理分工，共同完成任务

12.班级大扫除时，某个同学临时有事不能完成他的任务，你会：

A.主动去分担他的工作

B.不是分内的事情自己才不理会

C.这次替他干，下次值日让他帮自己干

答案：

	1	2	3	4	5	6	7	8	9	10	11	12
A	0	2	0	2	0	0	1	2	2	0	0	2
B	2	0	2	0	2	1	0	0	1	1	1	0
C	1	1	1	1	1	2	2	1	0	2	2	1

测试分析：

17～24分：你是一个很有合作精神的人。遇到事情你能够考虑到其他人，因此大家都愿意和你共事，你会有很不错的发展。

10～16分：你的团队合作精神中等。一般情况下你能够注意别人的感受，但是需要加强对合作重要性的认识，这样你会更受欢迎。

10分以下：你的团队合作精神很差，需要有意识去培养。在当今社会，学会和别人合作，能让你取得更大的成就。

小TIP：毕业后发展好的同学不见得就是曾经成绩好的同学，反而有可能是那些愿意帮助别人的同学。如果你在本次测试中，团队合作精神不理想，那么请给自己一个目标，在团队拓展训练中好好表现，给自己一次挑战，突破自我，并真正享受帮助别人的乐趣，加油！

2.2.3　团队沟通

对团队和组织来说，沟通是一个永远的工作，也是一个必需的工作。沟通无处不在，沟通的内容也包罗万象。一份调查结果显示：团队普通成员每小时有16～46分钟是在进行沟通，而团队管理者工作时间的20%～50%是在进行各种语言沟通，如果把文字沟通，包括各种报告和E-mail加进去，会高达64%。但遗憾的是，很多团队的弱项还是沟通。因此，有人认为阻碍团队工作顺利开展的最大障碍就是缺乏有效沟通。

不良的沟通会给团队和组织带来很多危害，人际关系、团队的士气、个人及团队的发展都会受到影响。良好的沟通有助于团队的文化建设以及团队成员士气的提高。有效的沟通应遵循以下五项原则：双向互动的交流、取得一致的观点和行动、能提供准确的信息、获得正确的结果以及双方的感受都较愉快。

作为一个团队，做到高效的沟通是非常重要的。而沟通是信息传递的重要方式，只有通过沟通，信息才能在部门与部门之间、员工与员工之间得以传播。工作的开展很大程度上就是通过从上到下的层层沟通才得以进行的。那么，管理层如何帮助团队进行有效沟通呢？

1.让倾听者对沟通产生反馈行为

沟通的最大障碍在于成员误解或者对领导者的意图理解得不准确。在工作过程中，我们可能常常遇到这种现象，领导者对成员布置工作时说得滔滔不绝，而结果呢？成员在执行任务时往往有些变形，或者最后的结果和领导者期望的不一致。这说明领导者与成员之间存在沟通问题，领导者没有很好地传达自己的意思，成员对领导者话语的理解也不到位。事实上，这种沟通问题通过有效的方法是完全可以避免的。如果领导者在与成员沟通结束后，特意加上一句"你明白我的意思吗"，这样的双向交流就可以加强成员对领导者意思的正确理解，纠正认识上的偏差。

2.沟通要有多变性

团队中的员工由于年龄、性别、受教育程度、专业以及分工的不同，对同一句话、同一份文件的理解也会千差万别。所谓"仁者见仁，智者见智"，不同阅历的人想问题的角度、出发点及所站的立场也不同。就像人们所说的"行话"，置身其外的人根本无法理解，更别说融入其中。所以说，沟通要变得有效，需改变交流方式，多样性的语言有助于使沟通者和不同的人对话，进行深入交流，达到沟通目的。在运用语言上要讲求艺术性，词汇搭配要适当，只有这样才能使你的语言更容易让别人理解，做到有效沟通。

3.学会积极倾听，做忠实的听众

沟通是一个双向的行为，沟通双方不仅要善于表达，还要善于倾听，通过双方沟通、倾听、反馈，再沟通、倾听、反馈的循环交流过程，才能明确沟通的主题和问题的解决办法。沟通是一个互动的过程，只有沟通的双方积极配合，才能实现沟通的目的。

4.做好沟通前的准备工作

沟通前要明确沟通内容。缺乏沟通前的准备工作，势必造成沟通过程中"东扯葫芦西扯瓢"的局面，既浪费了双方的工作时间，又不利于问题的解决。因此，有效的沟通要有清晰的沟通主线、明确的沟通主题；事先安排好沟通提纲，先讲什么，后说什么，要做到心中有数。同时，还要讲求沟通的艺术性，比如说领导者在与下属沟通工作时，要考虑到对方的心理承受能力，要先肯定其成绩和好的方面，再指出其不足及需要改进的方面。

5.注意减少沟通的层级

因为信息传递者越多，信息越失真，因此，沟通双方最好是直接面谈，这样才能使信息及时、有效地在双方之间传递，达到沟通的目的。有效的沟通能够消除各种人际冲突，实现人与人之间的交流目标，使团队成员在情感上相互依靠，在价值观上高度统一，进而为团队打下良好的人际基础。所以，企业要开展各种有效的沟通。

测测你的人际沟通风格

请回答以下A、B两套题。如果左边的描述更接近你的实际情况，请给自己打5分以下；如果你的情况更接近右边的描述，请给自己打6分以上。请如实回答，以保证对自己有更加准确的认识。答完每套题后，将分数相加，得出该套题的总分。

A套题

总分：

面对风险、决定或变化反应迟缓谨慎	1 2 3 4 5 6 7 8 9 10	面对风险、决定或变化反应迅速从容
与大伙一起讨论时不常主动发言	1 2 3 4 5 6 7 8 9 10	与大伙一起讨论时经常主动发言
强调要点时不常使用手势及音调的变化	1 2 3 4 5 6 7 8 9 10	强调要点时经常使用手势及音调的变化
表达时经常使用较委婉的说法，如"根据我的记录……""你可能认为……"	1 2 3 4 5 6 7 8 9 10	表达时经常使用较强势的语言，如"就是如此……""你应该知道……"
通过阐述细节内容强调要点	1 2 3 4 5 6 7 8 9 10	通过自信的语调和坚定的体态强调要点
提问用来检验理解、寻求支持或更多信息	1 2 3 4 5 6 7 8 9 10	提问用来增强语言气势、强调要点或提出异议
不爱发表意见	1 2 3 4 5 6 7 8 9 10	愿意发表意见
耐心，愿意与人合作	1 2 3 4 5 6 7 8 9 10	性急，喜欢竞争
与人交往讲究礼节、相互配合	1 2 3 4 5 6 7 8 9 10	喜欢挑战、控制局面
如果因没什么大不了的事发生意见分歧，很可能附和他人的观点	1 2 3 4 5 6 7 8 9 10	出现意见分歧时，愿意坚持自己的观点并要辩论出究竟
含蓄，节制	1 2 3 4 5 6 7 8 9 10	坚定，咄咄逼人
与人初次见面时目光间断性注视对方	1 2 3 4 5 6 7 8 9 10	与人初次见面时目光长久注视对方
握手时较轻	1 2 3 4 5 6 7 8 9 10	紧紧握手

B套题

总分：

戒备	1 2 3 4 5 6 7 8 9 10	坦率
感情不外露，只在需要别人知道时表露	1 2 3 4 5 6 7 8 9 10	无拘无束地表露、分享感情
多数时间依据事实、证据做出决定	1 2 3 4 5 6 7 8 9 10	多数时间根据感觉做出决定
就事论事，不跑题	1 2 3 4 5 6 7 8 9 10	谈话时不爱专注于一个话题
讲究正规	1 2 3 4 5 6 7 8 9 10	轻松、热情
喜欢做事	1 2 3 4 5 6 7 8 9 10	喜欢交友
讲话或倾听时表情严肃	1 2 3 4 5 6 7 8 9 10	讲话或倾听时表情丰富
表达感受时不太给非语言的反馈	1 2 3 4 5 6 7 8 9 10	表达感受时愿意给非语言的反馈
喜欢听现实状况、亲身经历和事实	1 2 3 4 5 6 7 8 9 10	喜欢听梦想、远见和概括性信息
对人和事应对方法较单一	1 2 3 4 5 6 7 8 9 10	对别人占用自己的时间灵活应对
在工作或社交场合需要时间去适应	1 2 3 4 5 6 7 8 9 10	在工作或社交场合中适应快
按计划行事	1 2 3 4 5 6 7 8 9 10	做事随意
避免身体接触	1 2 3 4 5 6 7 8 9 10	主动做出身体接触

一、分别得出两套题的总分后，请在下图中确定你的位置

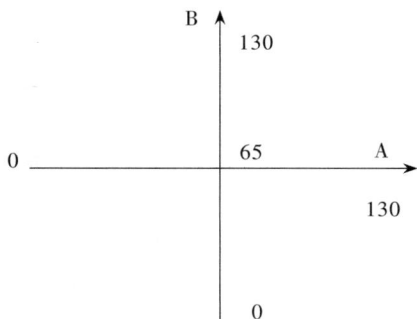

在横轴上标出与A套题的总分相对应的位置作为A点，在纵轴上标出与B套题的总分相对应的位置作为B点，两条直线相交的位置，反映你比较自然的人际风格倾向

二、人际沟通风格倾向分析方法

1.人际沟通风格倾向

图一：

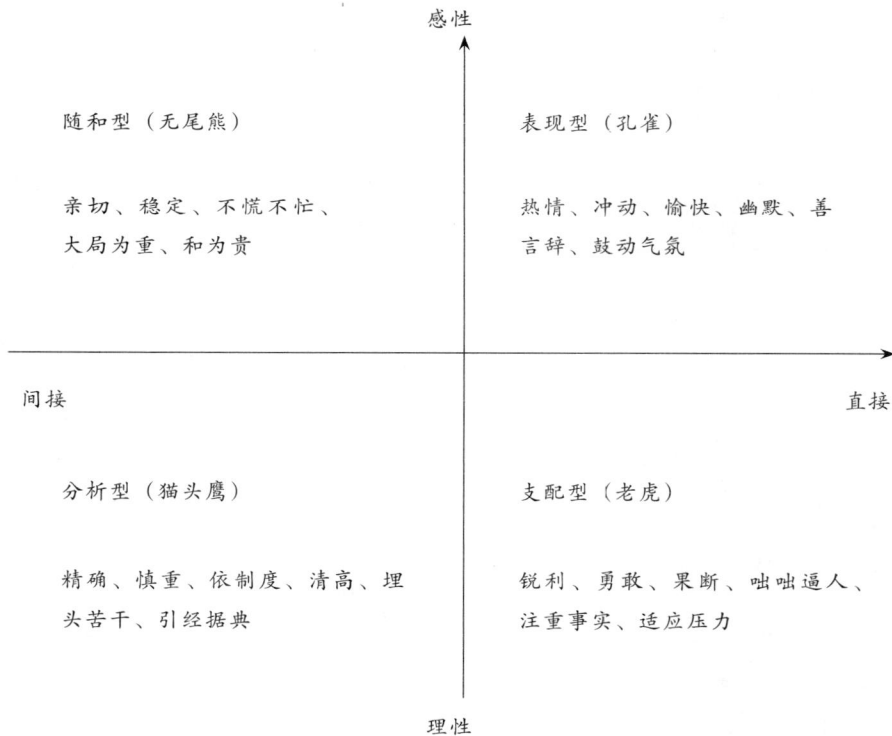

感性

随和型（无尾熊）

亲切、稳定、不慌不忙、大局为重、和为贵

表现型（孔雀）

热情、冲动、愉快、幽默、善言辞、鼓动气氛

间接   直接

分析型（猫头鹰）

精确、慎重、依制度、清高、埋头苦干、引经据典

支配型（老虎）

锐利、勇敢、果断、咄咄逼人、注重事实、适应压力

理性

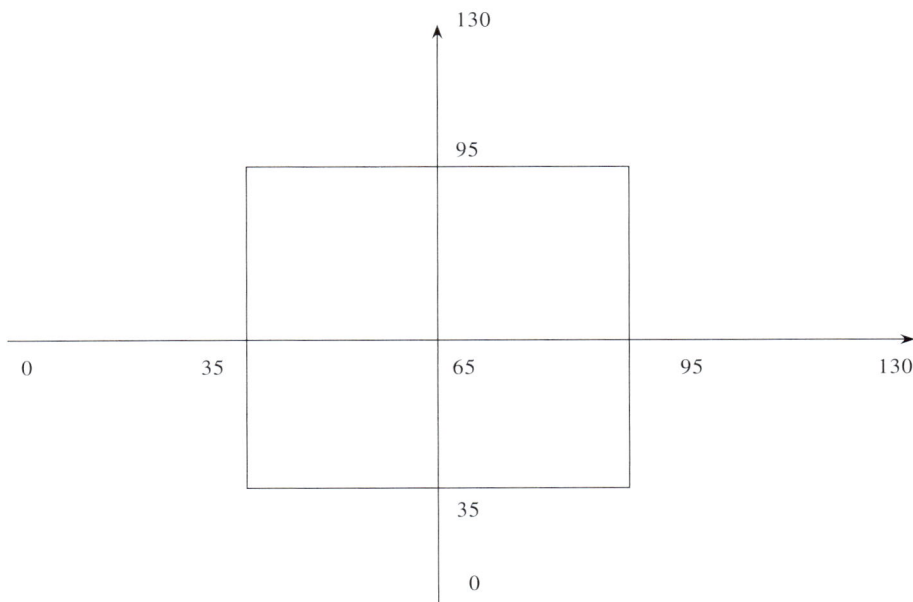

注：两线相交的位置如果落在方框内，说明你的人际风格在倾向于一种类型的同时兼容了其他三种沟通风格，相交位置越是接近原点，越说明你的沟通风格单一倾向性小，四种风格的兼容性越大，越可能是一位人际交往与沟通的成功人士。

2. 不同人际沟通风格倾向的特点

	分析型	支配型	随和型	表现型
注重	准确、稳妥、过程	控制、竞争、结果	理解、合作、被接受	作秀、受欢迎、被称赞
长处	计划、系统、全盘考虑	善领导、管理、开拓	善倾听、协作、善始善终	热情、愉悦、感染力强
弱点	过于注重细节、挑别、应变力不强	不善倾听、无耐心、不重感情	过于敏感、不果断、无大志	不拘小节、专注力弱、不善执行
不喜欢	无条理、无规矩	无效率、优柔寡断	不重感情、遇事急躁	循规蹈矩、繁文缛节
对待压力	退缩、不服管	挑战、不服输	屈从、犹豫不决	玩世不恭、敷衍了事
决策时	反复审议	果断	与别人协商	凭感觉
害怕	被别人挑别	被利用	突然变故	不讨人喜欢
获得安稳感的手段	准备充分	控制别人或局面	友情	娱乐
衡量个人价值的方法	精确度	成效性、影响度	合群度、贡献度	认可度、受欢迎程度

3.对不同风格的人应采取的沟通方式

（1）与支配型的人沟通

•战略、目标、行动计划、进程、解决办法之类的话题更容易引起他们的谈话兴趣

•对他们讲话时要直截了当、坚定果断，但要表示出对他们的尊重

•沟通时注重效率与业绩成果

（2）与表现型的人沟通

•对表现者给予关注

•对他们的积极表现要多加赞赏

•他们讲话时要认真倾听，在打断前对他们表达的正确的说法先给予肯定

（3）与随和型的人沟通

•与他们沟通时，力求创造友善的环境氛围，减少他们的戒心

•亲情、友情方面的话题对他们有吸引力

•讲话时要面带微笑、和蔼可亲

•鼓励他们多发表看法

（4）与分析型的人沟通

•他们喜欢书面沟通，并配以事实、数据、图表、符号、附件说明等

•沟通前最好给他们准备的时间，他们不喜欢仓促行事

•对他们要讲明事情的"理由"

2.2.4　团队激励

1.团队激励的介绍

所谓激励，就是组织通过设计适当的外部奖酬形式和工作环境，以一定的行为规范和惩罚性措施，借助信息沟通，来激发、引导、保持和归化组织成员的行为，以有效地实现组织及其成员目标的系统活动。图2-5是团队激励下的集合场景。

图2-5　团队激励下的集合场景

团队激励包含以下几方面内容：

（1）激励的出发点是满足组织成员的各种需要，即通过系统设计适当的外部奖酬形式和工作环境，来满足组织成员的外在性需要和内在性需要。

（2）科学的激励工作需要奖励和惩罚并举，既要对成员表现出来的符合团队期望的行为进行奖励，又要对不符合期望的行为进行惩罚。

（3）激励贯穿于团队活动的全过程，包括对个人需要的了解、个性的把握、行为过程的控制和行为结果的评价等。因此，激励工作需要耐心。赫兹伯格说，如何激励员工：锲而不舍。

（4）信息沟通贯穿于激励工作的始末，从对激励制度的宣传、对个人的了解到对成员行为过程的控制和对成员行为结果的评价等，都依赖于一定的信息沟通。团队中信息沟通是否通畅，是否及时、准确、全面，直接影响着激励制度的运用效果和激励工作的成本。

（5）激励的最终目的是在实现组织预期目标的同时，也能让成员实现其个人目标，即达到团队目标和个人目标在客观上的统一。

激励是提升团队士气、取得高绩效成果的有效药方。团队成员有几种不同的类型：①能力高、意愿低；②能力高、意愿高；③能力低、意愿低；④能力低、意愿高。

面对几种不同类型的成员，尤其是能力高、意愿低和能力低、意愿低这两类成员，都要采取有效的激励措施。

要想更好地激励团队的成员，需要仔细了解各成员的工作动机。怎样了解成员的工作动机？建议采用以下几种方法：

（1）观察人们的工作。作为领导者，在巡视的过程中要去看是什么使各位成员愿意或不愿意工作，他们喜欢什么样的工作方式。

（2）组建团队成员的中心小组，调查他们希望从工作中得到什么，类似于团队成员满意度调查。

（3）培养团队成员的特技。每一位团队成员身上都有自己的闪光点，要挖掘他的闪光点，然后培养这种优势，使他真正成为专家。

（4）跟团队成员进行坦诚交流，了解他们讨厌什么，是什么让他们不愿意合作。

（5）让团队成员描述一下理想的团队环境。比如给成员开会时，让大家在自己的"幻想名片"上写下所期望的职位，想象一下会跟什么样的人一起工作。人们对于理想的追求正好反映了他们自己的职业倾向，也正是需要领导者给予支持的地方。

（6）领导者应经常四处走一走，通过主动管理会发现团队成员的真正需求。

2.激励方式

（1）奖励激励

奖励激励就是把几种奖励的办法展现在团队成员面前，谁做得到，就可以拿这些奖励。奖励激励对员工向新的目标冲击能起到积极的推动作用。

但奖励激励也有局限性：一旦把奖励的内容取消，就很难让成员多做一点点，奖励激励会使人们产生依赖心理。

（2）威胁激励

国外一些公司的大裁员就是一种威胁激励方式。当合格员工的数量多，而工作机会少的时候，威胁激励的方式使用得比较多。

威胁激励在一定时期内应该说能取得积极的成效，劳动生产力确实会提升。但如果经常用威胁激励又会使成员产生不安全感：我究竟能够在这个公司生存多久？要不要把我整个职业生涯都跟这个企业连在一起？威胁激励一旦运用过频，可能会导致内部不稳定。

（3）个人发展激励

最好的激励方式是个人发展激励，这是团队从长远角度考虑的一种激励方式。它将成员追求自我发展的目标跟团队的目标融为一体，是最大限度激励员工的办法。

工作中最重要的因素莫过于工作动机，领导者必须清楚了解成员的工作动机，才可能采取适当的方式来激励成员。

3.激励的基本原则

（1）目标结合原则

在激励机制中，设置目标是一个关键环节。目标设置必须同时体现组织目标和成员需要。

（2）物质激励和精神激励相结合的原则

物质激励是基础，精神激励是根本。在两者结合的基础上，逐步过渡到以精神激励为主。

（3）引导性原则

激励措施只有转化为被激励者的自觉意愿，才能取得激励效果。因此，引导性原则是激励过程的内在要求。

（4）合理性原则

激励的合理性原则包括两层含义：其一，激励的措施要适度，要根据所实现目标本身的价值大小确定适当的激励量。其二，奖惩要公平。根据激励的公平理论，人的工作积极性不仅与个人实际报酬多少有关，与人们对报酬的分配是否感到公平也较为密切，公平感直接影响员工的工作动机和行为。因此，对于团队成员的奖励，应根据成员的实际贡献而定，做到公平公正。

（5）明确性原则

激励的明确性原则包括三层含义：其一，明确，激励的目的是让员工知道需要做什么和必须怎么做；其二，公开，特别是处理分配奖金等大量成员关注的问题时更为重要；其三，直观，实施物质奖励和精神奖励时都需要直观地表达它们的指标，总结给予奖励或惩罚的方式。直观性与激励影响的心理效应成正比。

（6）时效性原则

要把握激励的时机，"雪中送炭"和"雨后送伞"的效果是不一样的。激励越及时，越有利于将人们的激情推向高潮，使其创造力连续有效地发挥出来。

（7）正激励与负激励相结合的原则

正激励就是对成员符合组织目标的期望行为进行奖励，负激励就是对成员违背组织目标的非期望行为进行惩罚。正负激励都是必要而有效的，不仅作用于当事人，而且会间接地影响周围的人。

（8）按需激励原则

激励的起点是满足成员的需要，但成员的需要因人而异、因时而异，并且只有满足最迫切需要（主导需要）的措施，其效价才高，其激励强度才大。因此，领导者必须深入进行调查研究，不断了解成员需要层次和需要结构的变化趋势，有针对性地采取激励措施，这样才能收到实效。

4.四种成员的激励方法

在团队中有几种不同类型的成员需要激励，包括效率型、关系型、智力型和工兵型。对不同类型的员工，应该采取不同的方法进行激励。

●效率型成员的激励方法

（1）支持他们的目标，赞扬他们的效率。

（2）要在能力上胜过他们，使他们服气。

（3）帮助他们融通人际关系。

（4）让他们在工作中自己弥补自己的不足，而不要指责他们。

（5）别让效率低和优柔寡断的人去拖他们的后腿。

（6）容忍他们不请自来的帮忙。

（7）巧妙地安排他们的工作，使他们觉得自己的工作是由自己安排的。

（8）别试图告诉他们怎么做。

（9）当他们抱怨别人不能干的时候，问他们的想法。

●关系型成员的激励方法

（1）对他们的私人生活表示兴趣，让他们感到受重视。

（2）与他们谈话时，要注意沟通技巧，使他们感到被尊重。

（3）由于他们比较缺乏责任心，应承诺为他们负一定的责任。

（4）给他们安全感。

（5）给他们机会充分地和他人分享感受。

（6）别让他们感觉受到拒绝，他们会因此而不安。

（7）把关系视为团体的利益来建设，将受到他们的欢迎。

（8）安排工作时，强调工作的重要性，指明不完成工作对他人的影响，他们会因此为关系而努力和拼搏。

●智力型成员的激励方法

（1）肯定他们的思考能力，对他们的分析表示兴趣。

（2）提醒他们完成工作目标，别过高追求完美。

（3）别直接批评他们，而是给他们一个思路，让他们觉得是自己发现了错误。

（4）不要用突袭的方法打扰他们，他们不喜欢惊奇。

（5）多表达诚意比运用沟通技巧更重要，他们能够立即分析出别人诚意的水平。

（6）他们喜欢事实，你必须懂得和他们一样多。

（7）别指望说服他们，除非他们的想法与你一样。

（8）赞美他们的一些发现，因为他们想来想去得出的结论可不希望被别人泼冷水。

●工兵型成员的激励方法

（1）支持他们的工作，因为他们谨慎小心，轻易不会出大错。

（2）给他们相当的报酬，奖励他们的勤勉；保持管理的规范性。

（3）多给他们出主意、想办法。

5.激励的十大法则

（1）需要自身激励来激励他人

除非领导者以身作则，并具有热情，否则无法激励员工。领导者的态度和情绪直接影响一起工作的员工。如果领导者情绪低落，员工也将受到影响而变得缺乏动力；相反，如果领导者满腔热情，员工必然也会充满活力。

要想避免对成员产生负面影响，领导者需要控制自己的情感，隐藏消极情绪，展现积极的情绪和态度，并把热情投入到工作中。当领导者因个人问题、疾病、家庭危机等而情绪低落时，为避免把临时缺乏激情的状态扩散到团队中，建议领导者给自己安排一些需要独自完成的工作。一旦成员看到领导者正在严谨地做事，他们就不会频频打扰并受其影响。

（2）激励需要一个目标

除非一个人真正知道他身在何处，否则他将无法知道该向哪一个方向努力。人们需要了解自己努力达到的目标是什么，并且真正愿意实现它，才有可能受到激励。

（3）激励分为两个阶段

找到与团队目标相关的个人目标，向他们展示如何实现目标。作为一个绩效经理，领导者的目标是激励成员，只有这样才能实现团队目标。

（4）激励机制一旦设立，永不放弃

这是被许多领导者所忽视的问题。他们认为只要在开始阶段激励了成员，成员就会永远受到激励。但事实上，随着时间的流逝，激励水平逐渐下降，一般在三到六个月时间内下降到零。领导者需要认识到这一点，做一个专业的激励员，通过定期的团队会议、明确的沟通和经常性的一对一反馈，源源不断地将激励灌输到团队之中。

（5）激励需要认可

根据马斯洛的需求层次理论，一旦基本需求得到满足，社会认可的需求就会提高。事实上，心理学家已经发现，人们为了得到公众的认可甚至比为了得到金钱付出的还要多得多。人们渴望公认，并且必须是明确、公开和迅速承认。认可的授予必须是给予某种结果，而不是某种努力。必须避免授予成员"好职工"等过于宽泛的称号，这样的"公认"在被授予者和其他人的眼里是"贬值"的。

（6）参与激励

参与一个特殊的项目或者团队具有很好的激励效果。为某一项事业而努力的团队成员会忠于团队的目标。

（7）看到自身的进步能够激励人

看到自己在向目标奋进的道路上所取得的进步，人们会获得很强的激励——我们都喜欢看看自己做得怎么样，看到自身的进步让我们体验到成功——未来的成功建立在成功体验的基础上。

（8）只有人人都有优胜的可能，竞争才能激励员工

竞争频繁应用于激励中，但是只有当每一个人拥有平等获胜的机会时，竞争才能真正起作用；否则，竞争能够激励优秀成员，但同时会降低其他成员的动力。这个问题可以通过依据目标百分比来测量竞争绩效而避免。当进行竞争时，许多组织将目标定为一个绝对目标，例如，一个销售竞争获奖者可能是在一定销售期中销售额最大的成员。这对于一个新组建的团队而言可能会降低人们的动力，因为与优胜者相比，新加入销售队伍的成员会认为优胜者总会获胜，所以和他们竞争就毫无意义了。相反，如果规定优胜属于那些相对于自身销售目标而言超出额度最大的销售员，人人就都有可能获得优胜，因为新手的目标较之优秀销售员的目标也低，这样每个人都会产生竞争的动力来超过自己的目标，获得胜利。

（9）每一个人的身上都存在激励的火花

与通常的信念（和观察）相反，每个人身上都存在激励的火花。每个人都能得到激励，一些人可能比其他人更容易被激励；领导者需要寻找火花并进行培育，再将其贯彻到方案中。既然团队激励是一个首要的管理职责，如果想获得成功，在团队每个成员的身上寻找火花就是一项重要的活动。

（10）"团队归属"激励

作为团队中的成员之一，领导者肯定会为了一个团队的目标而工作。当然，成员必须已经"向往"那个目标。

2.2.5 高效团队的特征

1.清晰的目标

高效的团队对要达到的目标有清楚的理解，并坚信这一目标包含重大的意义和价值。此外，这种目标的重要性还激励着团队成员把个人目标升华为群体目标。在有效的团队中，成员愿意为团队目标做出承诺，清楚地知道希望他们做什么工作，以及他们怎样共同工作并实现目标。图2-6是在教练引导下制定团队目标。

图2-6 在教练引导下制定团队目标

2.相互的信任

成员间相互信任是有效团队的显著特征，也就是说，每个成员对其他人的品行和能力都确信不疑。我们在日常的人际关系中都能够体会到，信任这种东西是相当脆弱的。它需要花大量的时间去培养但又很容易被破坏，而且，只有信任他人才能换来他人的信任。所以，维持群体内的相互信任，还需要领导层足够的重视。

3.相关的技能

高效的团队是由一群有能力的成员组成的。他们具备实现目标所必需的技术和能力，而且相互之间有良好合作的个人品质，从而能出色完成任务。后者尤为重要，但常常被人们忽视。有精湛技术、能力的人并不一定有处理团体内部关系的高超技巧，而高效团队的成员则往往兼而有之。

4.一致的承诺

高效的团队成员对团队表现出高度的忠诚和承诺，为了能使团队获得成功，他们愿意去做任何事情，我们把这种忠诚和奉献称为一致的承诺。对成功团队的研究发现，团队成员对他们的群体具有认同感，他们把自己属于该群体的身份看作自我的一个重要方面。因此，承诺一致的特征表现为对群体目标的奉献精神，愿意为实现这一目标而调动和发挥自己的最大潜能。

5.良好的沟通

毋庸置疑，这是高效团队一个必不可少的特点。团队成员通过畅通的渠道交流信息，包括各种言语和非言语交流。此外，领导者与团队成员之间健康的信息反馈也是良好沟通的重要特征，它有助于领导者指导团队成员的行动，消除误解。就像一对已经共同生活多年、感情深厚的夫妇那样，高效团队中的成员能迅速而准确地了解彼此的想法和情感。

6.谈判技能

以个体为基础进行工作设计时，成员的角色由工作说明、工作纪律、工作程序及其他一些正式或非正式文件明确规定。但对高效的团队来说，其成员角色具有灵活多变性，总在不断进行调整，这就需要成员具备充分的谈判技能。由于团队中的问题和关系时常变换，成员必须能面对和应付这种情况。

7.恰当的领导

有效的领导者能够让团队跟随自己共同度过最艰难的时期，因为他们能为团队指明前途所在，他们向成员阐明变革的可能性，鼓舞团队成员的自信心，帮助他们更充分地了解自己的潜力。优秀的领导者不一定非得做出指示或进行控制，高效团队的领导者往往担任的是教练和后盾的角色，他们对团队提供指导和支持，但并不试图去控制它。

这不仅适用于自我管理团队，当授权给小组成员时，也适用于任务小组、交叉职能型的团队。对于那些习惯于传统方式的领导者来说，这种从上司到后盾的角色变换，即从发号施令到为团队服务实在是一种困难的转变。当前很多领导者已开始发现这种新型的权力共享方式的好处，或通过领导培训逐渐意识到它的益处。但现实中仍然有些脑筋死板、习惯于专制方式的领导者无法接受这种新观念，他们应当尽快转换自己的老观念，否则就将被取而代之。

8.内部和外部的支持

要成为高效团队的最后一个必需条件就是它的支持环境。从内部条件来看，团队应拥有合理的基础结构。这包括适当的培训、一套易于理解并用以评估员工总体绩效的测量系统，以及一个起支持作用的人力资源系统。恰当的基础结构应能够支持并强化成员行为，以取得高绩效。从外部条件来看，领导者应给团队提供完成工作所必需的各种资源。

2.2.6　团队角色领导

1.团队中的八种角色

在每一个团队中，每个成员所扮演的角色各有不同，也就是说，一个团队总是由不同的角色成员组成的。

《西游记》中，唐僧、孙悟空、沙和尚、猪八戒去西天取经的故事，大家都耳熟能详，许多人都被这个群体中四位性格各异、兴趣不同的人物所感染。为什么这四个在各方面差异如此之大的人竟能组成一个"团队"，而且能融洽相处，一块去西天取经？难道这真是神灵、菩萨们的旨意，而绝非凡人力所能及的吗？

其实，这四个人分别扮演了不同的角色。唐僧起着凝聚和完善的作用，孙悟空起着创新和推进的作用，猪八戒起着提供信息和监督的作用，沙和尚起着协调和实干的作用。这个由不同角色组建的团队，虽然也有分歧、矛盾，但是，他们有着共同的目标和信念，那就是去西天取经。在关键时候他们总能相互理解和团结一致，组成了一个有力量的团队。

一项国际性研究表明，团队中一般有八种不同的角色，他们是：实干者、协调者、推进者、创新者、信息者、监督者、凝聚者、完善者。团队中的创新者可以不断地给团队未来的发展、管理以及信息技术方面带来创新，使这个团队能不断地吸纳新的内容往前走；团队中的监督者使得团队规则的维护、成员之间的正常交流，以及管理是否得当有了人的监督；而完善者的挑剔，可以使工作更接近完美。

对八种不同角色的研究表明：每一种角色的作用是不同的，但他们的工作推动着团队走向完美。

2.团队成员各角色的特点及作用

（1）实干者（Company Worker，CW）

他们对于社会上出现的新生事物不感兴趣，甚至对新生事物存在一种抗拒心理。他们对喜欢接受新生事物的人看不惯，常常是水火不相容。他们对自己生活的环境很满足，并不主动去寻求什么改变，给人一种逆来顺受的感觉。当上司交给他们工作任务时，他们会按上司的意图兢兢业业、踏踏实实地把事情做好。他们常常会给别人留下一种务实可靠的印象。

◆实干者的优点

① 有一定的组织能力，并具有较丰富的实践经验。

② 对工作总是勤勤恳恳、吃苦耐劳，有一种"老黄牛"精神。

③ 对自己的工作有比较严格的要求，表现出很强的自我约束力。

◆实干者的缺点

① 往往对工作中遇到的事情缺乏灵活性。

② 对自己没有把握的意见和建议没有太大的兴趣。

③ 缺乏激情和想象力。

◆实干者在团队中的作用

① 把谈话与建议转换为实际步骤。

② 考虑什么是行得通的、什么是行不通的。

③ 整理建议，使之与已经取得一致意见的计划和已有的系统相配合。

④ 实干者就是好的执行者，能够可靠地执行一个既定的计划，但未必擅长制订一个新的计划。

（2）协调者（Coordinator，CO）

当他们遇到突如其来的事情时表现得沉着、冷静，正如人们所说的遇事不慌。对事物具有判断是非曲直的能力；对自己把握事态发展的能力有充分的自信；处理问题时能控制自己的情绪和态度，具有较强的抑制力。

◆协调者的优点

① 比较愿意虚心听取来自各方的对工作有价值的意见和建议。

② 能够做到对来自其他人的意见不带任何偏见地兼收并蓄。

③ 对待事情、看问题都能站在比较公正的立场上，保持客观、公正的态度。

◆协调者的缺点

① 一般情况下，他们身上并不具备太多的非凡的创造力和想象力。

② 注重人际关系，容易忽略团队目标。

◆协调者在团队中的作用

① 时刻想着团队的大目标，明确团队的目标和方向。

② 选择需要决策的问题，并明确它们的先后顺序。

③ 帮助确定团队中的角色分工、责任和工作界限。

④ 总结团队的感受和成就，综合团队的建议。

（3）推进者（Shaper，SH）

他们常常表现得思维比较敏捷，对事物具有举一反三的能力；看问题思路比较开阔，能从多方面考虑解决问题的方法。这种人往往性格比较开朗，容易与人接触，很快能适应新的环境；能利用各种资源，善于克服困难和改进工作流程。

◆推进者的优点

① 在工作中不论做什么事情，总是表现得充满活力，有使不完的劲。

② 勇于向来自各方面的、落后的、保守的传统势力发出挑战。

③ 永远不会满足于现在所处的环境，勇于向低效率挑战。

④ 对自己的现状永远不能满足，并敢于向自满自足情绪发起挑战。

◆推进者的缺点

① 在团队中往往好激起争端，遇到事情比较冲动，容易产生急躁情绪。

② 容易轻视别人。

◆推进者在团队中的作用

① 寻找和发现团队讨论中可能的方案。推进者一旦找到自己认为好的方案或模式，会希望团队成员都遵从这一方案或模式，因此推进者会强力地向团队成员推销自己认为好的方案或模式。

② 使团队内的任务和目标成形。

③ 推动团队达成一致意见，并朝向决策行动。推进者经常自觉或不自觉地在团队中扮演第二领导的角色，即推进者可能不是名义上的领导（CO一般是领导），但给人一种是第二领导的感觉。

（4）创新者（Plant，PL）

他们具有鲜明的个人特性，思想比较深刻，对许多问题的看法与众不同，有自己独到的见解，考虑问题不拘一格，思维比较活跃。

◆创新者的优点

① 在团队中表现得才华横溢。

② 具有超出常人的非凡想象力。

③ 头脑中充满智慧。

④ 具有丰富而渊博的知识。

◆创新者的缺点

① 往往给人一种高高在上、救世主般的印象。

② 不太注重一些细节问题的处理方式。

③ 给人们的印象总是随随便便，不拘于礼节。

④ 往往使别人感到不好相处。

◆创新者在团队中的作用

① 提供建议。

② 提出批评并有助于引出相反意见。

（5）信息者（Resource Investigator，RI）

他们的性格往往比较外向，对人、对事总是充满热情，表现出很强的好奇心，与外界联系比较广泛，各方面的消息都很灵通。

◆信息者的优点

① 喜爱交际，具有广泛的与人联系、沟通的能力。

② 对新生事物比其他人敏感。

③ 求知欲很强，并且很愿意不断地探索新的事物。

④ 勇于迎接各种新的挑战。

◆信息者的缺点

① 常常给人留下事情过后兴趣马上转移的印象。

② 说话不太讲究艺术，喜欢直来直去。

◆信息者在团队中的作用

① 提出建议，并引入外部信息。

② 接触持有其他观点的个体或群体。

③ 参加磋商性质的活动。

（6）监督者（Monitor Evaluator，ME）

他们的头脑比较清醒，处理问题比较理智，对人、对事表现得言行谨慎、公平客观。他们喜欢比较团队成员的行为，喜欢观察团队的各种活动过程。

◆监督者的优点

① 在工作中对人、对事表现出极强的判断能力。

② 对事物具有极强的分辨力。

③ 总是讲求实际，对人、对事都抱着实事求是的态度，一是一，二是二。

◆监督者的缺点

① 比较缺乏对团队中其他成员的鼓动力。

② 缺乏激发团队中其他成员活力的能力。

◆监督者在团队中的作用

① 分析问题和情景。

② 对繁杂的材料予以简化，并理清模糊不清的问题。

③ 对他人的判断和作用做出评价。

④ 监督者一般是那种喜欢给别人泼冷水的人。他们靠着强大的分析判断能力，敢于直言不讳地提出和坚持异议。监督者对于一个团队是非常重要的，因为监督者就像球队的守门员。一个没有守门员的球队没法赢。

（7）凝聚者（Team Worker，TW）

他们比较擅长日常生活中的人际交往，能与人保持和善友好的关系，为人处世都比较温和，对人、对事都表现得比较敏感。

◆凝聚者的优点

① 对周围环境和人群具有极强的适应能力。

② 具有团队协作精神，能够促进团队成员之间的相互合作。

◆凝聚者的缺点

他们常常在危急时刻表现得优柔寡断，不能当机立断。

◆凝聚者在团队中的作用

① 给予他人支持，并帮助别人。

② 打破讨论中的沉默。

③ 采取行动扭转或弥合团队中的分歧。

（8）完善者（Completer Finisher，CF）

他们做事情勤奋努力，并且很有秩序；为人处世很认真，对待事情力求完美。

◆完善者的优点

① 总是持之以恒，不会半途而废。

② 工作勤劳。

③ 对待工作一丝不苟，是一个理想主义者，追求尽善尽美。

◆完善者的缺点

他们在处理问题时过于注重细节，为人处事不够洒脱，没有风度。

◆完善者在团队中的作用

① 强调任务的目标要求和活动日程表。

② 在方案中寻找并指出错误、遗漏和被忽视的内容。

③ 刺激其他人参加活动，并促使团队成员产生时间紧迫的感觉。

3.团队角色的启示：每一个角色都很重要

大家都知道，在进行拔河时，比赛双方各有一个人喊号子，而这个人往往是比赛获胜的关键。大家听到他的号子声就会一起使劲形成合力。如果没有人喊号子，将会出现以下局面：你用劲时他不用劲，因为没有号子声，谁也不知道别人什么时候用劲，这样就难以形成合力。这个喊号子的人就是拔河团队中的协调者，从这个例子中我们可以看出协调者在团队中的作用。

任何团队都是为了完成一个共同的任务目标组成的。正因为如此，任何团队都离不开实干者。实干者会把团队中其他角色的想法和计划变成现实。如果一个团队中没有实干者，团队就不能成为团队。同样是在拔河比赛中，如果没有人真正卖力去拔，就是喊号子的人喊破了嗓子，比赛也不会获胜。

同样，一个团队中也不能缺少推进者、创新者、信息者、监督者、凝聚者、完善者。在一个团队中，每一种角色都十分重要。团队成员不能因为某一种角色人数多，或在某一时间出了力，就认为自己重要，别人不重要。团队角色是平等的，是没有等级之分的。一个人很难做到完美，但团队可以。

测测你的团队角色：贝尔宾团队角色测试

答题说明：

●本问卷共有7个部分，每部分有8项陈述。每部分的总分是10分。请将10分分配给你认为准确地描述了你的行为或感觉的项目。

●你可以自由分配这10分，你认为哪一项最能反映你的行为或感受，就给这一项一个较高的分数；这10分既可以分别打给几部分，也可以只打到一部分上。每部分总分必须是10分。

1.我认为我能为团队做出贡献：

A.我能很快地发现并把握住新的机遇

B.我能与各种类型的人一起合作共事

C.我生来就爱出主意

D.我的能力在于，一旦发现某些对实现集体目标很有价值的人，我就及时把他们推荐出来

E.我能把事情办成，这主要靠我个人的实力

F.如果最终能导致有益的结果，我愿面对暂时的冷遇

G. 我通常能意识到什么是现实的，什么是可能的

H. 在选择行动方案时，我能不带倾向性也不带偏见地提出一个合理的替代方案

2. 在团队中，我可能有的弱点是：

A. 如果会议没有得到很好的组织、控制和主持，我会感到不痛快

B. 我容易对那些有高见而又没有适当地表达出来的人表现得过于宽容

C. 只要集体在讨论新的观点，我总是说得太多

D. 我的客观想法，使我很难与同事们打成一片

E. 在一定要把事情办成的情况下，我有时让人感到特别强硬甚至专断

F. 可能由于我过分重视集体的气氛，我发现自己很难与众不同

G. 我易于陷入突发的想象之中，而忘了正在进行的事情

H. 我的同事认为我过分注意细节，总有不必要的担心，怕把事情搞砸

3. 当我与其他人共同进行一项工作时：

A. 我有在不施加任何压力的情况下去影响其他人的能力

B. 我随时注意防止粗心和工作中的疏忽

C. 我愿意施加压力以换取行动，确保会议不是在浪费时间或离题太远

D. 在提出独到见解方面，我是数一数二的

E. 对于与大家共同利益有关的积极建议我总是乐于支持

F. 我热衷于寻求新的思想和新的发展

G. 我相信我的判断能力有助于做出正确的决策

H. 我能使人放心的是，对那些最基本的工作，我都能组织得"井井有条"

4. 我在工作团队中的特征是：

A. 我有兴趣更多地了解我的同事

B. 我经常向别人的见解发起挑战或坚持自己的意见

C. 在辩论中，我通常能找到论据去推翻那些不甚有理的主张

D. 我认为，只要计划了就必须执行，我有推动工作运转的才能

E. 我有意避免使自己太突出或出人意料

F. 对承担的任何工作，我都能做到尽善尽美

G. 我乐于与工作团队以外的人进行联系

H. 尽管我对所有的观点都感兴趣，但这并不影响我在必要的时候下决心

5. 在工作中，我得到满足，因为：

A. 我喜欢分析情况，权衡所有可能的选择

B. 我对寻找解决问题的可行方案感兴趣

C. 我感到自己在促进良好的工作关系

D. 我能对决策有强烈的影响

E. 我能适应那些有新意的人

F. 我能使人们在某项必要的行动上达成一致意见

G. 我感到我的身上有一种能使我全身心地投入到工作中去的气质

H.我很高兴能找到一块可以发挥我想象力的天地

6.如果突然给我一件困难的工作，而且时间有限，人员不熟：

A.在有新方案之前，我宁愿先躲进角落，拟订一个解脱困境的方案

B.我比较愿意与那些表现出积极态度的人一起工作

C.我会设法通过用人所长的方法来减轻工作负担

D.我天生的紧迫感将有助于我们不会落在计划后面

E.我认为我能保持头脑冷静，富有条理地思考问题

F.尽管困难重重，我也能保证目标始终如一

G.如果集体工作没有进展，我会采取积极措施去加以推动

H.我愿意展开广泛的讨论，意在激发新思想，推动工作

7.对于那些在团队工作中或与周围人共事时所遇到的问题：

A.我很容易对那些阻碍前进的人表现出不耐烦

B.别人可能批评我太注重分析而缺少直觉

C.我有做好工作的愿望，能确保工作的持续进展

D.我常常产生厌烦感，需要一两个有激情的人使我振作起来

E.如果目标不明确，让我起步是很困难的

F.对于我遇到的复杂问题，我有时不善于解释和澄清

G.对于那些我不能做的事，我有意识地求助于他人

H.当我与真正的对立面发生冲突时，我没有把握使对方理解我的观点

分析表

题号	选项	分数	选项	分数	选项	分数	选项	分数	选项	分数	选项	分数	选项	分数	选项	分数
1	G		D		F		C		A		H		B		E	
2	A		B		E		G		C		D		F		H	
3	H		A		C		D		F		G		E		B	
4	D		H		B		E		G		C		A			
5	B		F		D		H		E		A		C		G	
6	F		C		G		A		H		E		B			
7	E		G		A		F		D		B		H		C	
总分																
角色		CW		CO		SH		PL		RI		ME		TW		CF

很少有人只有一种特性，大多数人都是同时具有多种特性，但一般在两到三个方面表现突出。取以上2~3项得分最高的类型为自己的角色类型。

创新者：有个性；思想深刻；不拘一格。

信息者：性格外向；开朗；热情；好奇心强；联系广泛。

协调者：沉着；自信；有控制局面的能力。

推进者：思维敏捷；坦荡；主动探索。

监督者：清醒；理智；谨慎。

凝聚者：擅长人际交往；温和；敏感，是人际关系的敏感者（注意信息者是外界信息的敏感者）。

实干者：保守；顺从；务实可靠。

完善者：勤奋有序；认真；有紧迫感。

2.3　冒险学习与避险求生学习

2.3.1　冒险学习

冒险学习又叫野外培训或户外培训，主要是利用有组织的户外活动来开发团队协作和领导技能。它适用于开发与团队效率有关的技能，如自我意识、问题解决、冲突管理和风险承担。冒险学习的特点包括：

（1）冒险学习允许受训者在没有正式规定的准则下进行人际交往。这种环境对那些将自己融入一个有凝聚力的团队的员工来说非常关键。

（2）冒险学习的实践让受训者共享一段具有感情色彩的经历，能帮助受训者打破原有的行为方式，自愿改变自己的行为。

（3）在工作中会发生与在冒险学习实践中类似的行为，因而通过分析练习中发生的行为，受训者就可以知道什么是无效行为，什么是有效行为。

2.3.2　避险求生学习

当我们再一次回到避险求生的话题时，拓展本源的认知成为不得不说的问题，因为有太多关于生存的话题需要我们认真地去分析，需要我们深刻地去认识，更需要我们立刻行动起来去学习。我们不去探讨过去遥远的灾难，也不必引用灾难影视的虚构场面，2005—2015年间的泥石流、洪水、雪灾、地震，还有车祸、踩踏、爆炸等灾难足以给我们太多的震撼和警醒。可以肯定，当我们不得不面对各种灾难的时候，学习避险求生将会在未来的几年或者几十年里成为我们生活的一部分。

避险求生学习可以从理论教育方面给人以帮助，从中掌握诸多理论知识，但是如果没有相对真实的情境体验，又无异于水中捞月，就像我们在陆地上学游泳，稍有经验的人都会知道入水之后的后果。避险求生的许多经验来自曾经历过的真实事件，但是这些事件并不是我们学习的主要途径，我们更希望将平时所学运用其中。因此，寻找一种可行的学习方式至关重要，而体验式学习理念在拓展项目中的体现就是将各种灾难和危机中的片段进行可控模拟并运用到学习之中，成为我们学习避险求生技能的最佳方式，也是我们获得经验、掌握避险求生技能最有保障的手段。

事实上，接受人造情境下的模拟训练，获得真实的经验完全可以帮助我们脱离险境，更重要的是所经历情境会成为学习技能之外的精神支持，这将是我们避险求生学习更深层的价值。对于此种情境下的学习，我们可以看看下面这个实验：

动物学家做过这样一个实验，将两只小白鼠丢入一个装了水的器皿中，它们会拼命地挣扎求生，一般维持的时间是8分钟左右。然后，在同样的器皿中放入另外两只小白鼠，在它们挣扎了5分钟左右的时候，放入一个可以让它们爬出器皿的跳板，这两只小白鼠得以活下来。若干天后，再将这对大难不死的小白鼠放入同样的器皿，令人吃惊的结果出现了，两只小白鼠竟然可以坚持24分钟，3倍于一般情况下能够坚持的时间！

求生获得成功的经验对于求生者的价值，不仅仅是体能的训练、技能的获得，更重要的是一种精神的突破，对于自我生存"极点"的克服，从而获得超出常人想象的生存能力。

美国著名心理学家、哲学家威廉·詹姆斯（William James）认为："当我们被一种不寻常的需要推动时，奇迹将会发生。疲惫达到极限点时，或许是逐渐的，或许是突然间，我们突破了这个极限点，找到了全新的自我！此时，我们的力量显然到达了一个新的层次，这是经验不断积累、不断丰富的过程。直到有一天，我们突然发现自己竟然拥有了不可思议的力量，并感觉到难以言表的轻松。"

2.4　多学科的理论学习

心理学、教育学、管理学、社会学等相关学科成熟的知识体系为拓展训练打下了坚实的理论基础，使其适应了现代社会变革的新潮流，为拓展训练的发展起到了极其重要的作用。

拓展训练是现代西方国家的一种新兴的教育方式，它以体能活动为导引，以心理挑战为重点，以人格完善为目的。从20世纪90年代开始，拓展训练在中国逐渐发展壮大，出现了众多培训公司、培训学校、户外运动俱乐部、旅行社等机构。2002年起，许多高校也相继开设了不同形式的拓展训练课程并在学生中引起了极大反响，深受学生们的喜爱。拓展训练的兴起除了专业机构大力推广这种新的学习方式之外，还在于拓展训练有着深厚的理论基础，并且适应了现代社会变革的新潮流，显示了其有效的教育与实践功能。

2.4.1　心理学是拓展训练对个体发展影响研究的基础

1.认知发展理论

从认知心理学的角度来看，外界对人的心理会产生影响，人为了应对现实中发生的事情而整理、统合自身的存在。拓展训练中的规则与活动安排都是事先制定的，活动主要是为了解决项目中的各种问题。在各个问题的解决过程中，我们会得到各自的认知，在体验后与大家分享，并思考别人的认知与自己的差异，得到再次的学习。

2.实用主义学说

心理学家拉扎鲁斯说："在当今心理应用领域中，固守某个理论或学派的专家将越来越少。大家都逐渐认可了'只要能用，不管是什么方法或理论就拿来使用'的做法。"拉扎鲁斯也将现代心理临床学者们称为"实用主义学者"。拓展训练从某种意义上借鉴了这种实用主义的观点，成功地吸取了其中可以运用的部分，并在实践中进行了发展，而不是一味地沿袭守旧。

3.行为主义理论

行为主义理论认为，学习就是学生行为改变的过程，这种行为的改变是学生在不断的实践中总结经验的结果。"从做中学"，正如生活中很多技能与知识并非先从书本上得到，而是在现实生活中体验、总结得来的一样，人的经历带来的体验可以促使人的行为改变。拓展训练虽然以模拟情境让学生感受，但在特意设计的情境下足以让学生自身的行为得到改变。

2.4.2　教育学是拓展训练教育价值体现的依据

教育学的观点认为，个体的主观能动性是其身心发展的动力，从个体发展的各种可能变为现实这一意义上来说，个体的活动是个体发展的决定性因素。客观环境不断变化产生新的要求，新的客观要求为人所接受就引起人们的需求，需求包括生物方面与精神方面的，这也符合马斯洛的需求层次论。拓展训练设计的场景与环境是将生活中许多可能遇到又可能发生的问题在时间与空间上进行合理的控制，给参与者提供一个新奇、有趣、觉得有能力完成，但又需要付出努力的环境，而且这种努力需要合理的个体与团队行动方式才可以完成，这就引起了参与者心理上的需求，促成了参与者心理的矛盾运动，成为参与者心理发展的动力，推动其心理发展。这种状态能最大限度地激发参与者的主观能动性，使其朝着积极的方向发展。

拓展训练能够在学习中实现教与学的互动性。拓展训练的许多项目是在拓展教师与学员的共同交流与互动中进行的，由于情境的设置，这种互动包括学员与当时情境的互动、学员与学员的互动、学员与拓展教师的互动。

拓展训练能够通过学员在项目中的表现，如互相观察、自我观察等，然后反思自己存在的问题。这种"行动-观察-反思"的学习模式，能够使自己得到"螺旋式"的提高，而不是"波浪式"的起伏，更加有助于学习动力的保持，也有助于自我检查与提高。

2.4.3　管理学是拓展训练内涵的重要体现

在拓展训练课程里，可以设计关于管理的层级问题或管理者的角色问题，比如"孤岛求生"就将"盲人岛"的角色与任务定义为基层管理者或基层人员，将"哑人岛"的角色与任务定义为中层管理者，将"珍珠岛"的角色与任务定义为高级管理者或领导层。

同样，不同层级的学员在完成项目时会有不同的工作重点，各自也将担负不同职责。高级管理者负责全局的发展与制定长期决策；中级管理者负责执行与实施决策，同时需要起到桥梁与纽带的作用，做好上传下达的工作；基层员工则需要积极主动、努力而有成效地完成具体的工作。在这个项目中，层级管理也是我们所要带给学员的项目理念，项目完成中不仅要能够"向下管理"，同时同级之间的沟通、协调与决策也是很必要的。除此之外，在项目的支持下，根据学员当时的感悟，强调"向上管理"，这也是管理学中的一部分。此外，关于管理环境，关于计划的制订，关于组织、领导、控制等理论也会在拓展训练中被提起。

2.4.4　社会学是拓展训练的理论基础

1.拓展训练促进人的社会化过程

人的社会化是指生活在社会中的个人，在从生物人到社会人的成长和发展过程中接受社会文化和规范，使自己逐步适应社会生活，取得社会成员的资格并形成独特的自我发展和完善的过程。人的社会化是一个复杂的教化过程，一个社会成员或群体是否能实现社会化不仅关系到他们自身的生存与发展，同时也关系到社会的稳定与进步，是反映社会文明与进步的标志。

拓展训练是一种走向社会、融入大自然的健身运动，参与拓展训练的人群以健身为媒介，可以直接交流沟通，提高人的社交与处世能力以及搜集信息的能力。拓展训练促使个体适应社会的制度规范和道德规范，促进人的社会化，提高人的社会职能。

2.拓展训练提供社会角色体验

人总是以不同的角色来适应社会，按照社会对不同的角色要求来支配自己的行为。自主性拓展训练是进行角色扮演与表现自我最愉快的方式。拓展训练能够在轻松愉快的环境中，满足社会生活中的个体要求，为他们提供尝试社会角色的各种机会，通过扮演不同的社会角色，有助于人们感受社会生活，了解社会对不同角色的期待，理解角色的多样性和稳定性，锻炼扮演角色的技能，培养角色的心理习惯和社会角色感；有助于现实生活的角色扮演，接受社会、适应社会。

最后，拓展训练除了以户外运动作为可直观行为外，还与其他诸多学科联系在一起，诸如心理学、教育学、管理学、社会学、组织行为学、成功学和领导学等。正是这些相关学科成熟的知识体系在拓展训练中的大胆运用，才使拓展训练显得更加充实。坚实的理论基础对拓展训练的发展起到了极其重要的作用。

第3章

团队拓展训练常识

3.1 拓展训练的安全常识

拓展训练的安全是其发展的基石和命脉，保证学生的安全必须在意识层面就严格要求，正确地对待安全与风险的关系，制定完善的安全原则和指导方针。

安全不仅包括完善的体系和严密的制度，更是我们思想意识的一部分，需要融入参加拓展训练者的日常生活习惯中。安全与不安全之间没有过渡，只要踏出100%的安全一步就进入100%的不安全。富有经验的教师严格地依照安全程序指导、监控活动的全过程，才能确保拓展训练在安全的环境下进行。

拓展训练因选择的场地、器械的特殊性，活动内容的未知性以及特有的心理挑战等，决定了其具有一定的风险性。如何获得最大的安全保障，如何让参训学员在身体、心理上获得安全保障，是拓展训练课程更好地发展和进入学校教学课程至关重要的一环。

为了消除隐患，降低风险，需要遵守以下安全原则：

1.双重保护原则

课程设计时所有需要安全保护的训练项目，都必须进行双重保护，其中任意一种保护方法都足以保证在实施过程中学生的安全。

例如，我们在做信任背摔时，每一个环节上都要有双重保护。当学生爬上背摔台后，拓展教师一定要将他引带到保护架内，直到他背靠保护架站稳，绑上背摔绳后，拓展教师应将学员慢慢引到台边站稳。后倒时教师确认方向正确才能松开背摔绳，倒下后首先是由队友双臂接住。接人的队员必须弓步站立，这样即使倒下的学员体重很大，也会落在队友的弓步之上，绝对不会落在地上。

2.器械备份原则

任何需要器械保护之处，都必须安置备份器械。

例如，跳跃冲击性项目，必须有两套独立的绳索与主锁保护。空中单杠在进行保护时，需要在单杠的前后方各打一个保护点，两条独立的保护绳各自连接一个主锁，主锁锁门异侧挂在连接点上，确保其中的任何一个都能起到保护的作用。

3.多次复查原则

所有的安全保护器械合理使用，完成后必须再复查一遍，操作中部分保护要多次检查，消除操作失误的可能性。

例如，做高空断桥项目时，在学生上去前，教师首先进行检查，然后队长与队友各检查一边；当上到断桥之上，拓展教师再次检查安全带是否穿戴正确，安全头盔是否扣好等。

4.全程监护原则

拓展教师对项目进行中可能遇到的安全问题进行全程监护，将隐患消除在萌芽中。

例如，做求生墙项目时，拓展教师与安全监护人员要一刻不停地监护整个过程，不合理动作一出现就要及时叫停，随时提醒，不仅要关注上爬的人员，也要关注墙上的人员，整个过程要尽收眼底，做到心中有数。

除此之外，还有一些原则性要求是必须做到的，比如在高空换锁必须遵循"先挂后摘原则"，以及项目进行中的"互相保护原则"等。

只有在活动过程中认真讲解、规范操作，将安全问题落到实处，才能使学员享受拓展训练带来的快乐与收获。

3.2　拓展训练学员行为规范

图3-1是教练向学员讲解拓展训练行为规范。

图3-1　教练向学员讲解拓展训练行为规范

3.2.1 拓展训练的行为要求与管理

1.纪律要求与奖惩

纪律是拓展训练活动中必须保证的，尤其在团队训练的项目中，纪律已经不仅仅是完成任务的基本保障，更是团队精神的最直接体现。

（1）以正确的态度对待拓展训练，这是训练顺利开展的先决条件。

（2）各队队长有义务与责任保证每个环节开始前全体队员到规定地点集合。

（3）如果有人迟到，必须全体等待，除非请假并得到允许。

（4）如无特殊情况出现迟到、早退等情况，需在其归队后，全队接受"惩罚"。

2.生活安全与环境保护的行为要求与管理

安全要求是拓展训练的重点工作要求，许多安全问题往往是由生活中的习惯引起的，因此，在参加拓展训练期间，对其会有严格的要求。

（1）项目活动前不得饮酒。因为拓展训练会有部分高空或有一定风险性的项目，项目本身就能够让人激动、恐惧、心跳加快以及会有小的眩晕等，如果饮酒将会增加以上表现，可能会对心、脑血管造成压力，甚至会影响判断力、反应力、分析能力以及抵御风险的能力，这些都有可能导致危险情况的出现。

（2）项目活动期间严禁吸烟与用火。所有保护绳与安全带都是易燃材料，也许只是在火星下受点"轻伤"，但是将给以后的学员埋下隐患。正是每一次严格的要求，才保证器械是安全的。因此，这是拓展训练活动中极其严格的一项要求。

（3）保护环境，严禁乱扔乱放废弃物；不得破坏场地周边的花草树木，下课后学生有协助教师整理场地的义务。

3.训练期间的行为要求与管理

训练过程中，拓展教师的讲解、示范、要求与保护，能够让每一个人都得到安全保障，但是如果学员不能接受或不能很好地贯彻执行，可能会出现一些不良结果。

（1）在完成项目期间避免不合时宜的玩笑、打闹，这可能是出现危险的信号。

（2）所有器械与高空器具未经指导不得擅自使用。

（3）在项目进行中，拓展教师一旦要求某种行为或某个动作不可以继续时，要立即停止。

4.活动结束后的行为要求与管理

拓展训练是在充满激情、充分展现自我与努力融入团队的状态下去完成项目挑战的。每个人在不同项目的认知与完成能力上都有差距，我们在训练时应本着求同存异的心态认同他人，本着助人即助己的精神帮助队友。但即便如此，我们仍然会遇到一些意想不到的情况。有人在高空项目中能很快完成任务，而有人或胆怯或"夸下海口"之后许久不能成功，也许在颤抖中前进，也许会哭着要求放弃，这些一定会给大家留下深刻的印象。如果我们课后提及此事，把它当谈资、当笑柄，那就违背了拓展训练的初衷，而且是对同学的不尊重。

有些项目的结果是未知的，在学员完成挑战时，也许会有截然不同的意见与观点出现，这是获得良好决策的基础，可不要把它当作一种"作对"，这正体现了拓展训练的精神。

有些项目学习的重点在于活动对传统理念的"突破"，对于这类活动，教师要求不可将解决问题的技巧告知他人，学员有保密的责任和义务，否则后面参加同样活动的同学将失去"新奇感"和独立思考的能力。

3.2.2　参加拓展训练的安全守则

1.迷路时

（1）赶快回到自己认识的地方，用罗盘和地图确定所处方位和目的地方位，休息时多注意周围风景与标志，不要直走下坡路，因为下坡路视野范围小，方向不易确认。

（2）山路上用塑料胶带、树枝或石头做记号；走在前方领头的人，遇到情况，要做标志通知后面跟来的人；标志要放在易见又安全的地方，不要随便做些无意义的记号。

2.遇到落石

有时自己不小心踏落石头，要立刻发声，通知下面上来的人。通常易浮动的石头，我们称为浮石。石头多的地方，浮石的颜色比周围石头新，仔细观察即可分辨，走路时要避免踩浮石。

3.预知打雷和雷击

如看到乱云变大，不久即变成雷云，要赶快想办法到安全的地方躲一躲；如带小型收音机，收听广播时有刺耳的杂音，即表示附近有雷击；忽然下大粒雨滴，也是打雷的预兆。

4.避免雷击

（1）赶快跑向低地。

（2）离开高树或密叶树林。

（3）离开铁路，去除身上的金属物。

（4）在河流中游泳的，要赶快上岸。

（5）不要许多人集中在一起，而要分散开。

（6）附近有小屋，躲入屋内，汽车也可以，但不要靠墙。雷击时，会经过墙壁传电到地面。

5.身体不适时

（1）解去束缚。

（2）依脸色判断，呼吸急促、脸色发红但不出汗，很可能是中暑。这时应将不适者抬到树荫下休息，并将其头部垫高，身体躲开阳光，保持安静。

（3）有呕吐症状时，应俯卧，右手放在下巴处当作枕头，放松身体，安静休息。

6.植物刺伤或蚊虫咬伤

（1）用水冷却或涂软膏，穿长袖衬衫或长裤，可避免受伤。

（2）野外露营带蚊香、花露水或风油精，涂抹暴露在外的皮肤上，尽量不要用手抓痒。

7.断水

一种是无任何水源可以饮用，另一种是无干净卫生的饮用水。第一种情况一般不多见，第二种情况则比较多见。如携带的饮用水用尽，而附近水源有泥沙或污染，需要进行净化处理。一般净化取水法有：地气取水法、渗水净化法、人工净化法。

3.2.3　参加拓展训练的环保守则

1.不要破坏自然界的平衡状态

大自然中的生物保持着很微妙的平衡。一块狭小的空地，表面看起来没有生物存在，实际上生物正在那里活跃着。接触大自然时，不要破坏这种平衡，不乱折花木，不乱捕鸟兽，遵守大自然规则。

2.恢复自然界原有风貌再离开

有时我们看到人们离开野外后，会留下肮脏的垃圾，如空罐头瓶、塑料袋、吃剩的鱼肉菜肴，不堪入目，给环境带来极大危害。因此，拓展训练结束后，要保持自然界原有的风貌，处理掉垃圾，将临时厕所掩埋好，把不易燃烧分解的塑料袋带走，这样后来的人才能享受干净的大自然。

3.野外收拾工作

碗盘尽量不要用洗涤剂来洗，尤其不要在河中漂洗化学制剂污染的物品，以免污染水源。做好的餐饭尽量吃完，不要残留。如果不够，可用干粮或用其他速食补充。能燃烧的垃圾用火焚烧（注意不要引起火灾）或掩埋，不易分解的玻璃空罐、塑胶等用垃圾袋装走。

烹饪用火要特别小心，临走前要检查火星是否熄灭，分多次浇水，并用手轻拨沙土加以掩埋。

3.2.4　参加拓展训练的注意事项与物品准备

（1）从开始直至实习结束，填写实训日记。

（2）穿校服、运动鞋或旅游鞋，携带防寒外衣、换洗衣物。

（3）生活用品：自带床单、洗漱用品、拖鞋。

（4）学习用品：携带笔、实训日记、教材。

（5）使用双肩背包，带手机并充足电。

（6）不允许带香烟，不许抽烟、喝酒。

（7）禁止携带照相机、摄像机及首饰和贵重物品，只带少量钱。

（8）女生禁止披头散发，如头发过长，请扎好，可自备帽子。

（9）自备驱蚊用品、药品（如蚊香、绿药膏等），其他用品如方便袋、卫生用品等酌情自备。

（10）自带水杯或少量瓶装水。

（11）严禁下水，严禁玩火。

（12）一切行动听从指挥，禁止单独行动。

（13）注意个人防护并相互关照，遇到险情及时报告。

（14）具有环保意识，不遗弃对生态环境构成危害的"城市垃圾"，保护沿途自然环境，遵循生活水源食、用分离原则。

3.3　野外急救常识

1.野外急救常识概述

野外无小事，任何一个小的问题，都有可能导致大的事故。在野外遇到突发性的病人或伤者，要根据不同情况采取相应的急救措施（越快处理效果越好），然后想办法尽快送医救治。

2.野外急救目的

抢救生命，降低死亡率；防止病情恶化；减轻病痛，减少意外伤害，降低伤残率。

3.野外急救处理前观察

在做具体处理前，需观察患者全身，并掌握周围状况。判断伤病原因、疼痛部位、程度如何，或将耳朵靠近听听呼吸声，尤其要注意脸、嘴皮、皮肤的颜色或确认有无外伤、出血，查看意识状况和呼吸情形，仔细观察骨折、创伤、呕吐的情况。随后要选择具体的处理方法，尤其对呼吸停止、昏迷、大量出血、中毒的情况，不管有无意识，发现者均应迅速做紧急处理，否则将危及患者生命。

4.野外急救观察后处理

在活动中发生的外伤或突发病况有很多种，所以也需施以各种适当的急救方法。在急救处理时，以患者最舒适的方式移动身体。若患者昏迷，需注意确保呼吸道畅通，谨防呕吐物引起窒息死亡。为确保呼吸道畅通，需让患者平躺。若撞击到头部也要水平躺下；若脸色发青需抬高脚部，而脸色发红者需稍抬高头部；有呕吐感者，需让其侧卧或俯卧。

5.野外急救处理完毕后应注意事项

在紧急处理完将患者交给医师之前，需对患者进行保暖，避免其消耗体力，以免症状恶化；接着联络医师、救护车、患者家属。原则上，搬运患者需在充分处理过后安静地运送。搬运方法随伤患情况和周围状况而定。在搬运中，患者很累时，要适度且有规则地休息，并随时注意患者的病况。

6.野外急救处理方式

患者体位应为"仰卧在坚硬平面上"。如果患者是俯卧或侧卧，在可能的情况下应将他翻转为仰卧，放在坚硬平面上，如木板床、地板上，或背部垫上木板，这样才能使心脏按压行之有效。不可将患者仰卧在柔软物体上，如沙发或弹簧床上，以免直接影响胸外心脏按压的效果。注意保护患者的头颈部。

翻身的方法：抢救者先跪在患者一侧的肩颈部，将其两上肢向头部方向伸直，然后将离抢救者远端的小腿放在近端的小腿上，两腿交叉，再用一只手托住患者的后头颈部，另一只手托住患者远端的腋下，使头、颈、肩、躯干呈一整体同时翻转成仰卧位，最后，将其两臂还原放回身体两侧。

（1）打开气道

将患者衣领扣、领带、围巾等解开，同时迅速将患者口鼻内的污泥、土块、痰、呕吐物等清除，以利呼吸道畅通。呼吸道是气体进出肺的必经之道。由于意识丧失，患者舌肌松弛、舌根后坠、会厌下坠、头部前倾造成咽喉部气道阻塞。仰头举颏法可使下颌骨上举、咽喉壁后移而加宽气道，使气道打开，呼吸得以畅通。注意清除口腔内异物不可占用过多时间，整个开放气道过程要在3～5秒内完成，而且在心肺复苏全过程中，自始至终要保持气道畅通。

（2）看、听、感觉呼吸

患者气道畅通后，抢救者利用看、听、感觉法3～5秒钟，检查患者有无自主呼吸。检查方法：抢救者侧头用耳贴近患者的口鼻，一看患者胸部（或上腹部）有无起伏；二听患者口鼻有无呼吸的气流声；三感觉有无气流吹拂面颊感。

（3）人工呼吸

若患者无自主呼吸，抢救者应立即对患者实施人工呼吸——口对口（鼻）吹气2次，每次吹气时间为1～1.5秒钟，每次吹气量应为800毫升。

检查脉搏，判断心跳。抢救者可采用摸颈动脉或肱动脉等方法，观察是否有搏动5～10秒钟，判断患者有无心脏跳动。检查时应轻柔触摸，不可用力压迫。为判断准确，可先后触摸双侧颈动脉，但禁止两侧同时触摸，以防阻断脑部血液供应。若没有脉搏搏动，可实施胸外心脏按压术，挤压15次，挤压速度为每分钟60～80次。

挤压与吹气之比为15：2，反复进行。连续做4遍或进行1分钟后，再检查脉搏、呼吸恢复情况和瞳孔有无变化。

（4）紧急止血

对有严重外伤者，抢救者还应检查其有无严重出血的伤口。若有，应当采取紧急止血措施，避免因大出血引起休克而致死亡。

（5）保护脊柱

因意外伤害、突发事件造成严重外伤的，在现场救治中，要注意保护脊柱，并在医生的监护下进行搬动转运，避免脊髓受伤或受伤脊柱进一步加重，造成截瘫甚至死亡。

7.特殊情况处理

（1）被毒蛇、昆虫咬伤

在野外如被毒蛇咬伤，患者会出现出血、局部红肿和疼痛等症状，严重时几小时内就会死亡。这时要迅速用布条、手帕、领带等将伤口上部扎紧，以防止蛇毒扩散，然后用消过毒的刀在伤口处划开一个长1厘米、深0.5厘米左右的刀口，用嘴将毒液吸出。如口腔黏膜没有损伤，其消化液可起到中和作用，所以不必担心中毒。被昆虫叮咬或蜇伤时，可用冰或凉水冷敷后，在伤口处涂抹氨水。如果被蜜蜂蜇了，可用镊子等将刺拔出后再涂抹氨水或牛奶。

（2）骨折或脱臼

骨折或脱臼后，先用夹板固定，再用冰冷敷。从大树或岩石上摔下来伤到脊椎时，将患者放在平坦而坚固的担架上固定，不让身子晃动，然后送往医院。

（3）外伤出血

在野外备餐时如被刀等利器割伤，可用干净水冲洗，然后用手巾等包住。微出血可采用压迫止血法，1小时过后每隔10分钟左右要松开一下，以保障血液循环。

（4）食物中毒

吃了腐败变质的食物，除会腹痛、腹泻外，还伴有发烧和衰弱等症状，应多喝些饮料或盐水，也可采取催吐的方法将食物吐出来。

8.备用工具

（1）饭盒

最好选择一个铝制或不锈钢制的饭盒（最好是带把手的）。因为饭盒本身可以用来加热、提水或者化雪，用处很多。塑料盒虽然轻，但无法加热。同时，饭盒的金属盖可以当作反光镜使用，关键时刻可以发出求救信号。

（2）工具刀

在野外配一把多功能的工具刀是绝对有必要的。虽然不一定要使用丛林格斗刀，但是瑞士军刀是必不可少的。它除了集成常规的小刀、起子、剪刀以外，还有锯、螺丝刀、锉刀等，有的还带有一个放大镜。

（3）针线包

无论是长征中的红军还是现代化的军队，针线包一直是军队的野外必备品。当然，现代针线包的功能已经不再局限于原来单纯的缝缝补补，针不但可以挑刺，更能在有些时候弯成鱼钩，改善伙食，甚至救命。

（4）火柴

在野外，火种几乎是最重要的。带上防风、防水的火柴是很重要的，但如果你买不到这样的火柴，也可以自己做一些。方法很简单，先将蜡烛熔化，均匀地涂在普通火柴上，使用的时候，将火柴头上的蜡除掉即可。

（5）蜡烛

一小节蜡烛在野外是绝对有用的。手电、头灯等现代化照明装置，随着电池的耗尽而变成摆设，这时蜡烛就能发挥作用了。蜡烛除了照明，还可以取暖、引火。如果把一个矿泉水瓶剪去底部做成灯罩，就成了一盏野外使用的防风灯。

（6）求生哨

求生哨其实就是一般的哨子，不过在野外，哨子可以救命。当遇险时，可以用哨声引来救援，或者吓走一些小野兽（不过如果是老虎、熊等猛兽的话，不发出声音是最佳选择）。

（7）铝膜

铝膜是一张2米×2米的镀铝的薄膜，有金色和银色两种。它不但可以防风防雨，也可以支起来做成一个凉棚，防止太阳直射。在寒冷地区，可以用它裹住自己，保持体温。铝膜的最大作用是可以反光，使救援人员可以及时发现你。平时也可以把它铺在地上当地席使用。

（8）指北针

即便有了 GPS，手表也带有电子罗盘，原始的指北针也是必不可少的。在野外，谁都无法保证先进的设备不出岔子，这时，小小的指北针可以帮你找到回家的路。

（9）医疗胶布

不要小看任何一件小玩意儿，它可是最快的修补剂。当外衣被划破、帐篷被吹裂时，它的作用就显现出来了。虽然它的基本功能是粘贴纱布，但稍微发挥一下想象力，它能派上的用处会大得多。

（10）燕尾夹

虽然是很普通的办公用品，但在野外，它能在很多意想不到的情况下发挥作用。它曾经被用来夹过断裂的背包带、开线的裤子、脱了底的鞋……虽然我们并不想让它发挥作用，但多备上几个，也许会有用。

（11）铅笔

在野外想写点东西用什么笔？派克笔吗？不，昂贵的未必是最好的。野外严酷的环境，使得铅笔成为最佳的选择，建议选择黑度2B以上的铅笔。

（12）几个瓶子

分别放上食盐、水果糖、维生素C。

3.4　野外生存技巧

野外生存，即在住宿无着的山野丛林中求生。深入敌后的特种部队、侦察兵和空降兵、海军陆战队，以及在战斗中与部队失去联系的战士等，在孤立无援的敌后或生疏的荒野丛林和孤岛上，在没有仪器的情况下，更需要野外生存的本领。下面介绍一些简单的野外生存常识。

1.利用自然特征判定方向

在没有地形图和指北针等制式器材的情况下，要掌握一些利用自然特征判定方向的方法。

利用太阳判定方位非常简单。可以用一根标杆（直杆）使其与地面垂直，把一块石子放在标杆影子的顶点 A 处；约10分钟后，当标杆影子的顶点移动到 B 处时，再放一块石子。将 A、B 两点连成一条直线，这条直线的指向就是东西方向。与 AB 连线垂直的方向则是南北方向，向太阳的一端是南方。

利用指针式手表对太阳的方法判定方向。手表水平放置，将时针指示的（24小时制）时间数减半后的位置朝向太阳，表盘上12时刻度所指示的方向就是北方。假如现在时间是16时，则手表8时的刻度指向太阳，12时刻度所指的就是北方。

夜间天气晴朗的情况下，可以利用北极星判定方向。寻找北极星首先要找到大熊星座（即北斗星）。该星座由七颗星组成，开头就像一把勺子。当找到北斗星后，沿着勺边两颗星的连线，向勺口方向延伸约为两星间隔的5倍处一颗较明亮的星就是北极星。北极星指示的方向就是北方。还可以利用与北斗星相对的仙后星座寻找北极星。仙后星座由 5 颗与北斗星亮度差不多的星组成，形状像 W 字。在 W 字缺口中间的前方，约为整个缺口宽度的 2 倍处，即可找到北极星。

利用地物特征判定方位是一种辅助方法。使用时，应根据不同情况灵活运用。独立树通常南面枝叶茂盛，树皮光滑。树桩上的年轮线通常是南面稀、北面密。农村的房屋门窗和庙宇的正门通常朝南开。建筑物、土堆、田埂、高地的积雪通常是南面融化得快，北面融化得慢。大岩石、土堆、大树南面草木茂密，而北面则易生青苔。

在野外迷失方向时，切勿惊慌失措，而要立即停下来，冷静地回忆一下所走过的道路，想办法按一切可能利用的标志重新制定方向，然后再寻找道路。最可靠的方法是"迷途知返"，退回到原出发地。

在山地迷失方向后，应先登高远望，判断应该向什么方向走。通常应朝地势低的方向走，这样容易碰到水源。顺河而行最为保险，这一点在森林中尤为重要。因为道路、居民点常常是滨水临河而筑的。

遇到岔路口或道路多而令人无所适从时，首先要明确方向，然后选择正确的道路。若几条道路的方向大致相同，无法判定，则应先走中间那条路，这样可以"左右逢源"，即便走错了路，也不会偏差太远。

2.复杂地形行进方法

在山地行进，为避免迷失方向，节省体力，提高行进速度，应力求有道路不穿林翻山，有大路不走小路，如没有道路，可选择在纵向的山梁、山脊、山腰、河流小溪边缘，以及树高林稀、空隙大、草丛低疏的地形上行进，要力求走梁不走沟，走纵不走横。

行进时，能大步走就不小步走。这样几十千米下来，可以少走许多步。疲劳时，应用放松的慢步来休息，而不是停下来。攀登岩石时，应对岩石进行细致的观察，慎重地识别岩石的质量和风化程度，确定攀登的方向和路线。

攀登岩石的基本方法是"三点固定"法，即两手一脚或两脚一手固定后再移动剩余的一脚或一手，使身体重心上移。手脚要很好地配合，避免两点同时移动，一定要稳、轻、快，根据自己的情况选择最合适的距离和最稳固的支点，不要跨大步和抓、蹬过远的点。

攀登 30 度以下的山坡可沿直线上升。攀登时，身体稍向前倾，全脚掌着地，两膝弯曲，两脚呈"外八字形"，迈步不要过大过快。坡度大于 30 度时，一般采取"之"字形攀登路线。攀登时，腿微曲，上体前倾，内侧脚尖向前，全脚掌着地，外侧脚尖稍向外撇。在行进中不小心滑倒时，应立即面向山坡，张开两臂，伸直两腿，脚尖翘起，使身体尽量上移，以降低滑行的速度。这样，就可设法在滑行中寻找攀引和支撑物。千万不要面朝外坐，因为那样不但会滑得更快，而且在较陡的斜坡上还容易翻滚。

河流是在山区和平原地区经常遇到的障碍。遇到河流不要草率入水，要仔细地观察之后再确定渡河的地点和方法。山区河流通常水流湍急，水温低，河床坎坷不平。涉渡时，为了保持身体平衡，应当用一根棍子支撑在水的上游方向，或者手执 15～20 千克的石头。集体涉渡时，可三人或四人一排，彼此环抱肩部，身体最强壮的位于上游方向。

3.采捕食物的方法

野外生存获取食物的途径主要有两种：一种是猎捕野生动物；另一种是采集野生植物。猎捕野生动物首先要知道动物的栖息地，掌握动物的生活规律，然后再采取压捕、套猎、捕兽卡以及射杀等方法进行猎捕。这需要在专家的指导下经过较长时间的训练和实践后才能真正掌握。下面仅简单介绍可食用昆虫和可食野生植物的种类、食用方法。

目前，世界上人们在食用的昆虫有蜗牛、蚯蚓、蚂蚁、蝉、蟑螂、蟋蟀、蝴蝶、蝗虫、蚱蜢、湖蝇、蜘蛛、螳螂等。人们对吃昆虫虽然不习惯，甚至感到厌恶，但在万不得已的情况下，为维持生命，保持体力，继而完成任务，不妨一试。但是应注意，一定要煮熟或烤透，以免昆虫体内的寄生虫进入人体，导致中毒或得病。

常见的可食用昆虫有：

蝗虫：浸酱油烤着吃，煮或炒也可以。

螳螂：去翅后烤或炒，煮也可以。

蜻蜓：干炸后可食。

蝉：生吃或干炸，幼虫也可食。

蜈蚣：干炸，但味道不佳。

天牛：幼虫可生食或烤。

蚂蚁：炒食，味道好。

蜘蛛：去除脚后可烤食。

白蚁：可生食或炒食。

松毛虫：烤食。

可食野生植物包括可食的野果、野菜、藻类、地衣、蘑菇等。我国地域广大，适合各种植物生长，其中能食用的有 2 000 种左右。我国常见的可食野果有山葡萄、笃斯、黑瞎子果、茅莓、沙棘、火把果、桃金娘、胡颓子、乌饭树、余甘子等，特别是野栗子、椰子、木瓜很容易识别，是应急求生的上好食物。常见的野菜有苦菜、蒲公英、鱼腥草、马齿苋、刺儿草、荠菜、野苋菜、扫帚菜、菱、莲、芦苇、青苔等。野菜可生食、炒食、煮食或通过煮浸食用。

但是，一般人需要在专家指导下经过一定时间的训练才能掌握这些知识，这里介绍一种最简单的鉴别野生植物是否有毒的方法，供紧急情况下使用。将采集到的植物割开一个小口子，放进一小撮盐，然后仔细观察是否改变颜色，通常变色的植物不能食用。

4.获取饮用水的方法

生命离不开水，没有食物正常人可以活三周，但没有水，三天都活不了，所以水要优先考虑，获取饮用水的途径通常有两条：一是挖掘地下水；二是净化地面水。几点小提示可以帮助你在野外迅速找到或收集到水。

（1）在山区

找水源首选之地是山谷底部地区。在高山地区寻水，应沿着岩石裂缝去找，干涸河床沙石地带往往能挖到泉眼。

（2）在海边

应在最高水线以上挖坑，很可能有一层厚约5厘米的沉滤水浮在密度较大的海水层上。

（3）在凹地积水处

饮用凹地积水处的水时，必须先消毒、沉淀后煮沸饮用。

（4）收集雨水

在地上挖个洞，铺上一层塑料，四周用黏土围住，可以有效地收集雨水。

（5）凝结水

在一段树叶浓密的嫩枝上套一只塑料袋，叶面蒸腾作用会产生凝结水。

（6）跟踪法

跟踪动物、鸟类、昆虫或人类踪迹可以找到水源。

（7）植物中取水

竹类等中空植物的节间常存有水，藤本植物往往有可饮用的汁液，棕榈类、仙人掌类植物的果实和茎干都含有丰富的水分。

（8）日光蒸馏器

在干旱沙漠地区利用下述方法能较好地收集到水：在相对潮湿的地面挖一个大约宽90厘米、深45厘米的坑，坑底部中央放一个集水器，坑面悬一条拉成弧形的塑料膜。光能升高坑内潮湿土壤和空气的温度，蒸发产生水汽，水汽与塑料膜接触遇冷凝结成水珠，下滑至器皿中。

5.野外生存技巧之野外生火

火可以将食物煮熟。此外，它还有很多用途：火苗释放热量产生暖意，会减少体内热量的散失；可以烘干衣服；薰过的肉食可以较长时间保鲜；可以吓跑危险的野兽；它的烟雾可以驱走害虫，还可以煅烧金属打制工具……下面介绍一些在野外生火的方法。

首先，要寻找到易燃的引火物，如枯草、干树叶、桦树皮、松针、松脂、细树枝、纸、棉花等。

其次，捡拾干柴。干柴要选择干燥、未腐朽的树干或枝条，要尽可能选择松树、栎树、柞树、桦树、槐树、山樱桃、山杏之类的硬木，这种干柴燃烧时间长，火势大，木炭多。不要捡拾贴近地面的木柴，贴近地面的木柴湿度大，不易燃烧，且烟多熏人。

接下来要清理出一块避风、平坦、远离枯草和干柴的空地。将引火物放置在中间，上面轻轻放上细松枝、细干柴等，再架起较大较长的木柴，然后点燃引火物。火堆的设置要因地制宜，可设计成锥形、星形、"井"字形、并排形、屋顶形、牧场形等；也可利用石块支起干柴或在岩石壁下面，把干柴斜靠在岩壁上，在下面放置引火物后点燃即可。如果引火物将要燃尽时干柴还未燃起，则应从干柴的缝隙中继续添入引火物，直到干柴燃烧起来为止，而不要重新架柴点火。

最后，点篝火最好选在近水处，或在篝火旁预备些泥土、沙石、青苔等用于及时灭火。

6.野外生存技巧之睡袋使用

使用睡袋是有技巧的。不会"睡"的人即使用高寒睡袋（零下35摄氏度）在一般低温下（零下5摄氏度）也会感到冷，那么怎样才能睡得更暖些呢？在使用睡袋时，有很多外在因素影响睡袋的性能，要注意的是睡袋本身并不发热，它只是有效地将体温流失降低。下面的知识会帮助你睡得更暖些：

（1）避风防潮

在野外，一个挡风的帐篷能提供一个温暖的睡眠环境。在选择营地时，不要选择谷底，那里是冷空气的聚集地，也要尽量避开承受强风的山脊或山凹。一张好的防潮垫能有效地将睡袋与冰冷的潮湿地面分开，充气式效果更佳，在雪地上需用两张普通防潮垫。

（2）保持睡袋干爽

睡袋吸收的水分并非全部来自外界，也来自人体。即使在极寒冷的情况下，人体在睡眠时仍会排出至少一小杯的水分。保温棉在受潮后会黏结而失去弹性，保温能力下降。如睡袋连续使用多天，最好能在太阳下晾晒。经常清洗睡袋可使保温棉保持弹性。

（3）多穿衣服

一些较松软的衣物可兼作加厚睡衣用。将人与睡袋之间的空隙充填满，也可使睡袋的保暖性加强。

（4）睡前热身

人体就是睡袋的热量来源，如临睡前先做一小段热身运动或喝一杯热饮，会将体温略为提高并有助于缩短睡袋变暖的时间。

7.野外生存技巧之常备急救箱

在野外，没有人能够完全预料到会发生什么事情。一个急救箱可以延长你的生命，务必随身携带。急救箱存放以下物品，以备基本急救之用：

（1）绷带

绷带有不同的阔度及质料，以处理不同面积及种类的损伤，通常包括：

纱布滚动条绷带：适用于处理一般伤口，主要作固定敷料之用。

弹性滚动条绷带：具有弹性，除应用于处理伤口外，更可应用于处理一般拉伤、扭伤、静脉曲张等伤症，以固定伤肢及减少肿胀。

三角绷带：三角绷带可以全幅使用，或折叠成阔窄不同的绷带，通常作手挂使用，承托上肢。

（2）敷料

敷料由数层纱布制成，质地柔韧，主要用作覆盖伤口及吸收分泌物；流血及分泌物较多的伤口，可加厚覆盖。

（3）敷料包

敷料包由棉垫和滚动条绷带组成。用棉垫（即敷料）覆盖伤口，然后用附带的滚动条绷带加以固定。

（4）消毒药水

介绍几种常用消毒药水的用途：

龙胆紫（紫药水）：加快伤口结痂和愈合。

红汞（红药水）：保护伤口并具有抗菌作用。

酒精和碘酒：用于非黏膜伤口的表面消毒，不可用于破损伤口的消毒。

双氧水：用于受污染的黏膜或破损伤口的基本消毒。

（5）洁净的棉花球

棉花球用于清洁伤口，使用时蘸透消毒药水。

（6）消毒胶布

消毒胶布通常用来处理面积较小的伤口。贴上胶布前，必须确保伤口周围的皮肤干爽清洁，否则不能贴得牢固。

（7）胶布

胶布用来固定敷料、滚动条绷带或三角绷带。

（8）其他

眼药水、万花油、止血贴、清凉油、驱风油等。

3.5　野外宿营常识

1.露营营地的选择与建设

露营营地选择的四大基本原则：水源补给、营地平整、背风背阴、远离危险。

露营营地建设的四大基本区域：帐篷露营区、用火就餐区、取水用水区、卫生区。

（1）水源补给

一天大运动量的穿越过后，选择的露营地有水源补给，是完成整个穿越目标的关键。一来不必增加背水的体能消耗，二来可以把大量出汗的身体与衣物洗净。因此，在选择营地时应选择附近有溪流、水潭、河流、涌泉等有水源补给的地方。

注意：选择好水源点后更要寻找好取水的路线，把取水路线平整好，以方便漆黑的夜晚去取水。有很多团队把营地平整好了，却没有寻找好取水路线，导致很多队友在漆黑的夜晚摸黑去取水时发生意外。

营地不能扎在河滩上或者河谷中央，也不能选择在河流转弯处的内侧扎营。有些溪流上游建有发电厂，在蓄水期间河滩宽、水流小，如果不了解上游情况，选择在河滩上或者河谷中央扎营，一旦放水就会发生意外。平时看起来流量很小的一些溪流也不能选择为营地扎营，因为一旦下大雨或暴雨，两山脊分水线之间大面积的落雨都会向合水线——也就是我们所说的溪谷汇聚，很容易发大水或山洪，在雨季及山洪多发地区尤其要注意防范这种情况。

选择好露营点后，要巡营察看周边，选择好设置营地触发报警绳的范围，选择好假如夜晚有意外情况出现的安全逃生路线，评估营地安全系数。

不适合做营地的地点：河滩上或者河谷中央、河流转弯处的内侧——洪水；山顶迎风面——风大、取水不方便；谷底低洼处——潮湿、落石；枯木或者蜂巢底下——落木、野蜂袭击；动物觅水点——动物骚扰。

（2）营地平整

选择了露营点后，将准备扎帐篷的区域打扫干净，清除石块、矮灌木等各种不平整、带刺、带尖物的东西，凹陷的地方可用土或茅草等物填平，挖好排水沟。理想的营地应该地面平整不潮湿，排水性好。

营地的选择要留有充分的时间，所以每天过正午就应开始留意线路上合适的营地位置，切不可在快近黄昏时才开始选择营地。一般情况下，经过一天的长途跋涉，很难再有充沛精力去选择较佳的露营点，况且选择的机会不会太多。

（3）背风背阴

野外扎营，背风背阴看似小事，但实际上是关系到能否休息好、能否恢复精力的大问题，尤其是在山谷、河滩上，更要选择背风的地方扎营。帐篷拉门的朝向不要迎着风，露营选择背风也是考虑到野外用火安全与方便。怎样知道帐篷口是背风呢？很简单，抓一把沙或者雪在手中扬起，如果没有，就用小布条代替，帐篷口的方向朝沙或者雪的飘扬方向就是背风方向。

如果是一个需要居住2天以上的营地，在好天气情况下应当选择一处背阴的地方扎营，如在大树下面及山的北面，最好是早照太阳，而不是夕照太阳。这样，如果在白天休息，帐篷里就不会太闷热。还有一个方法就是用海拔表或者指南针确定向东的方向，我们知道太阳都是从东边升起，选择东边，帐篷前面有山脊或者大树遮挡日出，那么你就可以在早上继续睡个好觉了。

注意：

● 所有在扎帐篷的区域里扎下的帐篷，最好都朝着同一个方向，帐篷与帐篷之间的安全距离是1米，在没有必要的情况下尽量不系帐篷的抗风绳，以免夜晚逃生时绊倒导致意外。

● 扎帐篷的区域必须在野外用火的上方，避免出现火烧连营的情况。

● 在山野露宿有可能会遇到威胁性的动物，可以在帐篷区外用石灰、雄黄粉等刺激性物质围帐篷区洒一圈，这样可以防蛇虫鼠蚁等爬行动物的骚扰。

（4）远离危险

选择营地时不能将营地扎在悬崖下面，因为一旦山上刮大风时，有可能将石头等物刮下，造成伤亡事故。在雨季或多雷电区，营地绝不能扎在高地上、高树下或比较孤立的平地上，那样很容易遭到雷击。营地尽量选择靠近村庄、房屋或者路边的最近点扎营，近村的同时也接近道路，这样如果有意外，方便转移营地或求救。

2.露营的营地纪律

（1）帐篷搭建时，帐篷进出口必须处于关闭状态。收营收帐时把帐篷口的拉链拉闭好；进出帐篷要顺手把帐篷口拉闭好，这样可以防止蚊虫等小动物飞爬进帐篷里骚扰，以免影响晚上的休息睡眠。很多情况下，在扎营时某些队员不但不把帐篷口拉闭好，反而打开帐篷口聊天，这样半夜经常被小动物骚扰，影响自己与其他队员的休息。

（2）进帐篷休息时把登山徒步鞋鞋尖向外摆放好，除夜晚露营所需要的睡袋、枕头等物外，其他的物品必须收拾整齐放于背包里，摆放在帐篷出口的外帐帐檐里，这样如果夜晚有紧急情况发生，起来就能穿上顺脚的登山徒步鞋，背起背包就可以逃生。有些人会把登山徒步鞋、背包、衣物等胡乱丢在帐篷的外面，假如晚上下雨或者露水较多，就会把乱放在外面的装备淋湿，影响第二天的活动。

（3）进帐篷睡觉前，把头灯放在身边随手可取的位置，匕首压在枕头底下，这样如果晚上有意外情况发生，带上头灯、握着匕首就可以冲出帐篷外面逃生，帐篷打不开时可以用匕首快速割开帐篷逃生。

（4）严格按照领队安排的作息时间值夜与休息，晚上休息时间到第二天起床收营的时间内，严禁在营区大声交谈或者打闹，以免影响其他队员正常休息。

（5）晚上（包括值夜交班时）在没有轻声唤醒帐篷内休息的队友前，不允许拉开队友的帐篷，以免惊扰到帐篷里面的队友，使其误以为有人或者猛兽偷袭而用刀捅出来，进而导致意外事故发生。

（6）穿越队伍的所有帐篷都属于公共装备，领队有权做出适当的分配。一般安排帐篷时，把晚上睡觉打鼾的队员尽量安排在一起混帐，并且安排在帐篷中心区的外面，避免影响其他队员休息。

（7）原则上混住在同一个帐篷里的队员尽量安排在同一个时间段里守夜值班，避免半夜交班时唤醒接班队员影响到其他队员的休息。

了解你的健康状况：健康自评量表（SRHMS）

下面有一些句子，它们描述了您过去四周内对自己健康状况的主观评价和期望。每个问题下面有一个划分为10个刻度的标尺，请您根据真实情况，在最符合您的位置上打"×"。

1.您的视力怎么样？
非常差　1＿＿＿2＿＿＿3＿＿＿4＿＿＿5＿＿＿6＿＿＿7＿＿＿8＿＿＿9＿＿＿10　非常好

2.您的听力怎么样？
非常差　1＿＿＿2＿＿＿3＿＿＿4＿＿＿5＿＿＿6＿＿＿7＿＿＿8＿＿＿9＿＿＿10　非常好

3.您的食欲怎么样？
非常差　1＿＿＿2＿＿＿3＿＿＿4＿＿＿5＿＿＿6＿＿＿7＿＿＿8＿＿＿9＿＿＿10　非常好

4.您的肠胃部经常不适（如腹胀、拉肚子、便秘等）吗？
从来没有　1＿＿＿2＿＿＿3＿＿＿4＿＿＿5＿＿＿6＿＿＿7＿＿＿8＿＿＿9＿＿＿10　一直有

5.您容易感到累吗？
非常不容易　1＿＿＿2＿＿＿3＿＿＿4＿＿＿5＿＿＿6＿＿＿7＿＿＿8＿＿＿9＿＿＿10　非常容易

6.您的睡眠怎么样？
非常差　1＿＿＿2＿＿＿3＿＿＿4＿＿＿5＿＿＿6＿＿＿7＿＿＿8＿＿＿9＿＿＿10　非常好

7.您的身体有不同程度的疼痛吗？
根本不疼痛　1＿＿＿2＿＿＿3＿＿＿4＿＿＿5＿＿＿6＿＿＿7＿＿＿8＿＿＿9＿＿＿10　非常疼痛

8.您自己穿衣服有困难吗？
根本不能 1_____2_____3_____4_____5_____6_____7_____8_____9_____10 无任何困难

9.您自己梳理有困难吗？
根本不能 1_____2_____3_____4_____5_____6_____7_____8_____9_____10 无任何困难

10.您承担日常的家务劳动有困难吗？
根本不能 1_____2_____3_____4_____5_____6_____7_____8_____9_____10 无任何困难

11.您能独自上街购买一般物品吗？
根本不能 1_____2_____3_____4_____5_____6_____7_____8_____9_____10 无任何困难

12.您自己吃饭有困难吗？
根本不能 1_____2_____3_____4_____5_____6_____7_____8_____9_____10 无任何困难

13.您弯腰、屈膝有困难吗？
根本不能 1_____2_____3_____4_____5_____6_____7_____8_____9_____10 无任何困难

14.您上下楼梯（至少一层楼梯）有困难吗？
根本不能 1_____2_____3_____4_____5_____6_____7_____8_____9_____10 无任何困难

15.您步行半里路有困难吗？
根本不能 1_____2_____3_____4_____5_____6_____7_____8_____9_____10 无任何困难

16.您步行三里路有困难吗？
根本不能 1_____2_____3_____4_____5_____6_____7_____8_____9_____10 无任何困难

17.您参加能量消耗较大的活动（如剧烈的体育锻炼、田间体力劳动、搬重物移动等）有困难吗？
根本不能 1_____2_____3_____4_____5_____6_____7_____8_____9_____10 无任何困难

18.您与同龄人相比，从总体上说，您认为自己的身体健康状况如何？
非常差 1_____2_____3_____4_____5_____6_____7_____8_____9_____10 非常好

19.您对未来乐观吗？
非常不乐观 1_____2_____3_____4_____5_____6_____7_____8_____9_____10 非常乐观

20.您对目前的生活状况满意吗？
非常不满意 1_____2_____3_____4_____5_____6_____7_____8_____9_____10 非常满意

21.您对自己有信心吗？
根本没信心 1_____2_____3_____4_____5_____6_____7_____8_____9_____10 非常有信心

22.您对自己的日常生活环境感到安全吗？
根本不安全 1_____2_____3_____4_____5_____6_____7_____8_____9_____10 非常安全

23.您有幸福的感觉吗？
从来没有 1_____2_____3_____4_____5_____6_____7_____8_____9_____10 一直有

24.您感到精神紧张吗？
根本不紧张 1_____2_____3_____4_____5_____6_____7_____8_____9_____10 非常紧张

25.您感到心情不好、情绪低落吗？

从来没有　1_____2_____3_____4_____5_____6_____7_____8_____9_____10 一直有

26.您会毫无理由地感到害怕吗？

从来没有　1_____2_____3_____4_____5_____6_____7_____8_____9_____10 一直有

27.您对做过的事情反复确定才放心吗？

从来没有　1_____2_____3_____4_____5_____6_____7_____8_____9_____10 一直有

28.与别人在一起时，您也感到孤独吗？

从来没有　1_____2_____3_____4_____5_____6_____7_____8_____9_____10 一直有

29.您感到坐立不安、心神不定吗？

从来没有　1_____2_____3_____4_____5_____6_____7_____8_____9_____10 一直有

30.您感到空虚无聊或活着没有什么意义吗？

从来没有　1_____2_____3_____4_____5_____6_____7_____8_____9_____10 一直有

31.您的记忆力怎么样？

非常差　1_____2_____3_____4_____5_____6_____7_____8_____9_____10 非常好

32.您容易集中精力去做一件事吗？

非常不容易 1_____2_____3_____4_____5_____6_____7_____8_____9_____10 非常容易

33.您思考问题或处理问题的能力怎么样？

非常差　1_____2_____3_____4_____5_____6_____7_____8_____9_____10 非常好

34.从总体上说，您认为自己的心理健康状况如何？

非常差　1_____2_____3_____4_____5_____6_____7_____8_____9_____10 非常好

35.对于在生活、学习和工作中发生在自己身上的不愉快事情，您能够妥善处理吗？

完全不能　1_____2_____3_____4_____5_____6_____7_____8_____9_____10 完全可以

36.您能够较快地适应新的生活、学习和工作环境吗？

完全不能　1_____2_____3_____4_____5_____6_____7_____8_____9_____10 完全可以

37.您如何评价自己在工作、生活和学习中担当的角色？

非常不称职 1_____2_____3_____4_____5_____6_____7_____8_____9_____10 非常称职

38.您的家庭生活和睦吗？

非常不和睦 1_____2_____3_____4_____5_____6_____7_____8_____9_____10 非常和睦

39.与您关系密切的同事、同学、邻居、亲戚或伙伴多吗？

根本没有 1_____2_____3_____4_____5_____6_____7_____8_____9_____10 非常多（10个
以上）

40.您有可以与您分享快乐和忧伤的朋友吗？
根本没有 1_____2_____3_____4_____5_____6_____7_____8_____9_____10 非常多（6个以上）

41.您与您的朋友或亲戚在一起谈论问题吗？
从来不谈 1_____2_____3_____4_____5_____6_____7_____8_____9_____10 经常交谈

42.您与亲朋好友经常保持联系（如相互探望、电话问候、通信等）吗？
从不联系 1_____2_____3_____4_____5_____6_____7_____8_____9_____10 一直联系

43.您经常参加一些社会、集体活动（如党团、工会、学生会、宗教、朋友聚会、体育比赛等）吗？
从不参加 1_____2_____3_____4_____5_____6_____7_____8_____9_____10 一直参加

44.在您需要帮助的时候，您在很大程度上能够依靠家庭吗？
根本不能 1_____2_____3_____4_____5_____6_____7_____8_____9_____10 完全可以

45.在您需要帮助的时候，您在很大程度上能够依靠朋友吗？
根本不能 1_____2_____3_____4_____5_____6_____7_____8_____9_____10 完全可以

46.在您遇到困难时，您主动地去寻找他人的帮助吗？
从不主动 1_____2_____3_____4_____5_____6_____7_____8_____9_____10 非常主动

47.与您的同龄人相比，从总体上说，您认为您的社会功能（如人际关系、社会交往等）如何？
非常差 1_____2_____3_____4_____5_____6_____7_____8_____9_____10 非常好

48.与您的同龄人相比，从总体上说，您认为您的健康状况如何？
非常差 1_____2_____3_____4_____5_____6_____7_____8_____9_____10 非常好

自测健康评定量表的评分及测试注意事项

1.SRHMS的构成

SRHMS由10个维度、48个条目组成，涉及个体健康的生理、心理和社会3个方面，其中1～18条目组成自测生理健康评定子量表，19～34条目组成自测心理健康评定子量表，35～47条目组成自测社会健康评定子量表。SRHMS的构成见表3-1。

表3-1　　　　　　　　　　SRHMS维度及其条目分布

维度	条目数	条目在SRHMS中的分布
身体症状与器官功能	7	1，2，3，4，5，6，7
日常生活功能	5	8，9，10，11，12
身体活动功能	5	13，14，15，16，17
正向情绪	5	19，20，21，22，23
心理症状与负向情绪	7	24，25，26，27，28，29，30
认知功能	3	31，32，33
角色活动与社会适应	4	35，36，37，38
社会资源与社会接触	5	39，40，41，42，43
社会支持	3	44，45，46
健康总体自测	4	18，34，47，48

2.SRHMS的评分

（1）条目分、维度分、子量表分和量表总分的计算

SRHMS的48个条目评分采用模拟线性方式，各个条目的回答是在一条有两个极端点的10厘米线上划标记（如划上"×"号）。48个条目中正向评分的条目有37条，反向评分的条目有10条。因为有反向评分的条目，需要对48个条目的原始分进行重新评分，正向评分条目的重新评分与原始分相同，反向评分条目的重新评分等于10减去原始分。SRHMS的10个维度包括不同的条目，评分方法概括地说有三点：①有10个反向评分条目；②有37个正向评分条目；③健康总体自测维度即维度10中的4个条目不参与子量表分和总量表分的计算，将以分类变量的形式进行独立分析，如效标关联效度研究等。维度分、子量表分、量表总分则基于48个条目的重新评分计算，具体计算方法见表3-2。

表3-2　　　　SRHMS的条目分维度分、子量表分和量表总分的计算方法

维度	条目数	重新评分	维度分的计算	子量表分	量表总分
1.身体症状与器官功能	7	正向评分条目有：1，2，3，6 反向评分条目有：4，5，7	1+2+3+4+5+6+7	自测生理健康子量表分 1+2+3+4+5+6+7+8+9+10+11+12+13+14+15+16+17	自测健康评定量表总分 1+2+3+4+5+6+7+8+9+10+11+12+13+14+15+16+17+19+20+21+22+23+24+25+26+27+28+29+30+31+32+33+35+36+37+38+39+40+41+42+43+44+45+46
2.日常生活功能	5	正向评分条目有：8，9，10，11，12	8+9+10+11+12		
3.身体活动功能	5	正向评分条目有：13，14，15，16，17	13+14+15+16+17		
4.正向情绪	5	正向评分条目有：19，20，21，22，23	19+20+21+22+23	自测心理健康子量表分 19+20+21+22+23+24+25+26+27+28+29+30+31+32+33	
5.心理症状与负向情绪	7	反向评分条目有：24，25，26，27，28，29，30	24+25+26+27+28+29+30		
6.认知功能	3	正向评分条目有：31，32，33	31+32+33		
7.角色活动与社会适应	4	正向评分条目有：35，36，37，38	35+36+37+38	自测社会健康子量表分 35+36+37+38+39+40+41+42+43+44+45+46	
8.社会资源与社会接触	5	正向评分条目有：39，40，41，42，43	39+40+41+42+43		
9.社会支持	3	正向评分条目有：44，45，46	44+45+46		

每个条目理论最高值是10，最小值为0；自测生理健康、自测心理健康、自测社会健康三个评定子量表分和自测健康评定量表总分的理论最高值分别为170，150，120，440；理论最小值均为0。

（2）SRHMS的评分注意事项

有以下几种情况时，需要对条目进行标记，便于资料的统计分析。

① 被试对某一条目同时在一个标尺的不同位置上划上两个"×"号，可任取其中之一作为该条目的评分值，同时对该条目进行标记；

② 被试对某一条目同时在一个标尺的不同位置上划上三个以上"×"号，把该条目作为缺损值标记；

③ 被试给予某一条目的答案是在标尺的两个极端之外的位置上划上"×"号，把该条目作为缺损值标记；

④ 有11个反向评分的条目，应给予标记；

⑤ 没有做出评价的条目，应作为缺损值标记；

⑥ 缺损值标记的量表全部剔除。

第4章

团队拓展训练活动流程

团队拓展训练活动流程可归纳为五个部分，分别为前期准备、挑战体验、分享总结、提升心智以及改变行为，核心部分是改变行为。这五部分形成两个环：外环和内环（如图4-1所示）。外环是前四部分的循环，在每一次拓展训练结束后，教师都要总结经验以便更好地完善下一次训练，如此循环往复，不断提高。内环改变行为是核心部分，团队拓展训练的目的就在于通过这种体验式学习，使学员的行为发生改变，打破原有的思维模式，注重团队合作的重要性。

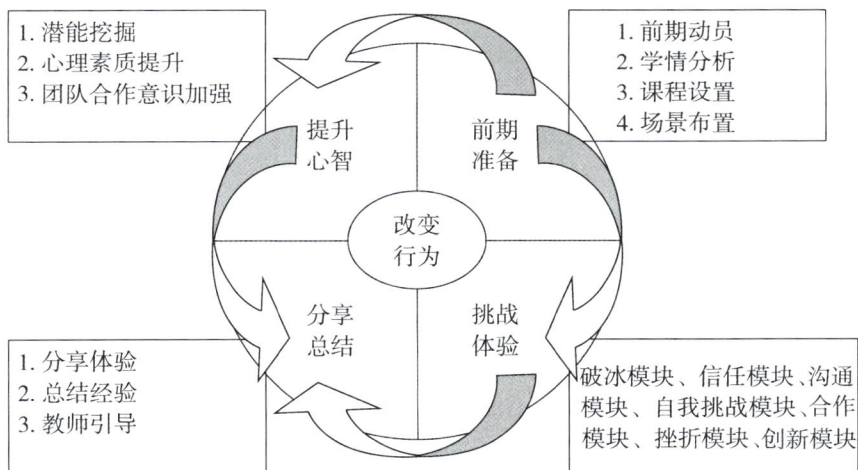

图4-1　拓展训练过程循环图

4.1　前期准备

任何一项活动或课程的开展都需要进行前期准备，对于团队拓展训练这种偏向户外体验的活动来说，前期准备是非常必要的。

1.前期动员

高校开展团队拓展训练的目标人群是大学生，学生在得知要进行这门课程的学习之时，由于以前没有接触过类似的课程，第一反应会是好奇和疑问："这门课到底要做什么？"

所以，拓展训练教师的首要任务就是让学生对此课程在认知上有个基本的了解，这就是进行前期动员的目的。具体的动员内容包括：团队拓展训练课程的简单介绍、开展课程的目的和意义、具体的时间和地点的安排、实训课程要求、安全教育以及学生成绩考核办法等。

2.学情分析

学情分析，即对学生基本情况（如学生人数、所在班级、专业、男女生比例、有无特殊情况等）进行调查和了解，以便按照人数和专业进行分组。分组原则如下：一组人数控制在20~25人；各班级、各专业打乱，由教师来随意分组，避免学生跟自己熟悉的同学一组；尽量使各组男女生比例一致。如果有特殊情况不能参加某些高难度项目时，要提前预知，以免造成不良后果。

3.课程设置

如今高校大学生大都是"00后"，他们是在新世纪的环境中成长起来的，独生子女居多。他们思想开放，崇尚个性发展，往往团队合作意识薄弱。针对这一特征，实训课程的设置应多以团队合作项目为主，从起始的组队"破冰"，到最后的分享总结，都是以团队形式进行的，从而增强学生对团队合作意识的领会和践行。除此之外，实训课程和项目的设计，应考虑学生的需求，开展"团队拓展实训需求调查"（见表4-1），据此优化课程设计。

表4-1　　　　　　　　　　　　团队拓展实训需求调查

类　别	题项	选项（你所希望或你认为有效的）
实施模式	A.必修课　B.选修课　C.社团活动 D.其他（请在相应位置填写，以下同）	
实训态度	A.学校安排必须参加　B.好奇新鲜，所以想体验 C.非常愿意参加　D.无所谓	
实训目的	A.增强体质　B.学会团结合作　C.发现自我潜能巨大 D.体会到生命的意义　E.提升心理承受能力，学会坚持 F.学会沟通结交朋友　G.提升组织管理能力	
实训动员	A.拓展的来源　　B.拓展的意义和作用 C.拓展期间要求　D.拓展注意事项及必备物品 E.成绩评定标准　F.拓展流程安排　G.其他	
实训师资	A.本校老师　B.职业拓展教练　C.军队教官 D.相关专业学生助理　E.学生助理与其他师资相结合	
实训时间	时段：A.暑假前　B.开学初　　C.平时周末　D.随时 周期：A.1天　　　B.2天　　　C.3天　　　　D.3天以上	
实训项目	A.组建团队　B.热身活动　C.信任背摔　D.穿越电网 E.竞技项目　F.毕业墙　　G.登山　　H.分享总结 I.包饺子　　J.晚会　　　K.高空项目　L.其他	
实训场地	A.学校　B.拓展训练基地　C.户外场所　D.其他	
实训住宿	A.宾馆，自己承担更多费用也可以　B.基地安排的就可以 C.服从安排，条件差些更有利于达到训练效果	
组队方式	A.陌生人多比较好　B.希望队员都是熟悉的 C.自己组队　　　　D.其他	
实训服装	A.校服　B.迷彩服　C.便服 D.可自费统一购买训练专用服装	
实训饮食	A.拓展训练基地安排　B.自备干粮　C.可自费承担更好的饮食 D.本来就是训练，饮食差些更有利于达到效果	

4.场景布置

每个拓展训练项目都需要使用相应的器材和道具，因此，在进行活动之前，需要准备所需器材和道具，并对活动场景进行布置，以保证项目能够正常进行，如图4-2所示。当然，最基本的条件是有个拓展实训基地。实训基地尽量选择在自然环境优美、空闲场地足够大且相对稳定的地方，同时还需要保证学生住宿和饮食的供应以及安全。

图4-2　拓展训练场景布置

4.2　挑 战 体 验

前期准备工作完成后，就要进入实训基地进行真实的挑战体验。根据拓展实训课程的项目设置，分阶段让学生进行挑战体验。

1.基础项目

基础项目包括组建团队、"破冰"系列游戏（如图4-3所示），即"破冰"模块的实施，意在让学生打破隔膜，互相熟悉，融入团队。分组后各组组建团队，包括起队名、选队长、创队歌和提口号等，在以后的各项活动中会带给队员归属感。队长的责任重大，起到领导、鼓励、调节队员情绪和团队气氛的重要作用。团队组建完毕后，需要各队员进一步互相熟悉和了解。由此设置一些"破冰"游戏，比如缩小包围圈、一个也不能少等游戏活动，让学生在轻松的游戏氛围下打破隔阂，以良好的状态进入接下来的挑战项目中。

2.提高项目

提高项目包括动力火车、穿越电网、信任背摔、雷阵取水（如图4-4所示）等，即信任模块、沟通模块、挑战模块的实施，意在让学生拥有团队合作意识，主动提高团队合作意愿。动力火车和穿越电网着重磨炼学生的作战技巧和抗挫折能力。当一次次接近胜利边缘而由于某种原因不得不又重新开始的时候，学生如何调整心理状态是此项目的意义所在。信任背摔是考验学生对同伴的信任程度，毫无顾忌地背对地面倒下去后，在被接住的一瞬间相信学生的心情都是无比激动的。当然，所有项目的前提都是有良好的团队合作精神。

图4-3　"破冰"游戏

图4-4　雷阵取水

3.升华项目

升华项目包括合力跳绳、合力颠球、不倒森林等比赛项目，还有求生墙这种高难度挑战项目，即合作模块、激励模块的实施，意在让学生的团队合作意识进一步提高，能够明确自己在团队中的位置，积极和其他同学合作，共同高效地完成任务，并能深刻认识到团队荣誉的重要性。这些项目对团队合作的考验更加明确，每个学员都需要同时发力、齐心协力，有一个人落下就会影响团体成绩。而且以比赛的形式进行，更加强调了每个人对团队荣誉的影响力。毕业墙项目由全体学生参加，而不进行分组。学生们站在3米高的墙下面，从起初望而生畏，认为不可能完成，到最后顺利完成，站在高墙上面，这个心理落差使学生深刻认识到只要有毅力坚持下去，世界上没有不能完成的事。

4.3　分享总结

每个项目之后，学生都要分享一下彼此的体验和感受，总结各自存在的问题以及团队的成功与失败之处，使得下一个项目能够更好地完成。并且，在项目都完成之后还要进行一次整体的大总结，由拓展训练教师引导学生完成。

1.分享体验

每个团队拓展训练项目，无论是顺利完成还是经历多次失败之后才得以完成，每个人都会有不同的体验和感受需要彼此分享。学生可以把在项目中自己所处的位置和在项目活动中的心路历程说出来，队员之间可以相互指出彼此存在的问题并给出解决方法，如图4-5所示。

图4-5　拓展学员分享体验

2.总结经验

总结经验是在分享体验之后进行的总结，是体验的进一步提升。体验只限于表面的感受和体会，而经验是经过思想上的消化吸收之后得出的结论。分享体验和总结经验可以交叉进行，在交流感受的同时对活动的成功或失败的原因进行分析，并总结成注意要点，它对下一个项目的开展有积极的指导和借鉴作用。

3.教师引导

教师引导就是拓展指导教师对学生活动中出现的问题和认知感受进行引导，用符合拓展训练理论基础的理念进行科学的总结，使其理论更加严谨与体系化。这部分主要是在所有拓展项目做完之后进行的，学生在之前的分享总结过程中也许会出现偏差，这时候教师要正确地引导学生，如图4-6所示。

图4-6　拓展教练引导总结

4.4　提升心智

团队拓展训练是一种体验式学习，学生在做中学，能更有效地从各方面提升自己的心智，在经过一轮训练之后能把前所未有的潜能挖掘出来，心理素质有所增强，团队合作意识也会相应提高。

1.潜能挖掘

每个人体内都蕴藏着为他人所不知的无限潜能。在团队拓展实训课程中，当一些稍有难度的项目摆在学生面前的时候，他们的第一反应大都是不可能完成。随着项目的进行，在必须完成的压力下，学生的潜能就会被挖掘出来，最后把看似不可能完成的任务顺利完成，其结果甚至连学生自己都觉得不可思议。

2.心理素质提升

拓展训练可以提升学生面对困难时的自信心，尤其是在高空项目或者团队挑战难度较大的项目后，学生通常会获得陌生的、新鲜的、具有挑战性的、与平常生活方式不同的经历与体验。在面对这些从未经历过的活动时，学生将会产生心理压力和生活中少有的危机感，由此而产生的心理体验必将带来特有的经验，提升自我意识，从而促进学生的个人成长。

3.团队合作意识

高校开展团队拓展实训课程的根本意义在于培养学生的团队合作意识，拓展项目也基本以团队形式开展，意在让学生从实际活动中认识到团队的力量，从而使学生在未来的学习、生活以及工作中积极寻求团队合作，与他人共同完成任务。

4.5　改变行为

拓展训练能改变学生的态度，进而改变他们的行为。学生将团队拓展训练中的所感、所悟应用到以后的生活、工作中，能达到学习的最初目的，实现训练效果的迁移。通过训练不仅能够获得生存的技巧，改善日后的行为，更重要的是锻炼一种在危急时刻尽量保持镇定、永不放弃的心态。这种心态的培养对于适应社会生活有很大的帮助，因为学生在学习、工作中有时遇到的困难不亚于这些危机，它同样需要学生努力地调整自己的心态，要相信通过自己的努力与他人的帮助可以渡过难关，这对于遇到困难容易放弃或者采取极端手段解决问题者会有一定帮助。

行为的改变不是一时的，而是持久的。经常出现的情况是，学生在拓展进行中或刚刚结束时，呈现出良好的变化；随着时间的推移，行为的改变越来越弱化甚至消失。学校要提供给学生利于培训效果转化和迁移的环境和机会，可以在校内设立拓展实训展示墙，把拓展培训过程中的照片以及在培训过程中的团队建设资料，包括各队的队名、队训、队歌、队徽等内容以海报的形式张贴上墙，并将培训中的重要理念（如"细节决定成败""不找任何借口"等）做成醒目的标语，贴在教室或走廊，通过诸如此类的展示活动让参训学生耳濡目染、记忆犹新；还可以通过校内媒体，刊登学生培训后的心得体会和培训精彩瞬间；通过演讲比赛、征文、照片共享、录像回顾等形式来深化拓展培训的理念。这些活动可以很好地结合学生的实际状况，把拓展培训的理念延伸到实际学习和生活中去；或者在拓展训练结束后，通过聚会的形式，定期进行拓展训练成果的巩固。

4.6　团队拓展训练活动流程实例

团队拓展训练不同于一般的实训课程，它把管理学、组织行为学、人力资源管理、演讲与礼仪等方面的知识和应用与拓展训练的项目结合在一起，并且具有一定的安全风险性。拓展训练自身的特点和庞大的实训规模，使得这样一个好的实训课程对于众多高校来说"遥不可及"。沈阳工学院经济与管理学院经过16年的坚持与探索，团队拓展训练理论体系和教学实践不断发展和完善，在自然环境实践教学基地、教学模式、教师团队模式、组织与管理模式和教学资源建设等方面建立了一套成熟、先进、可扩展的模式，能应对主观和客观因素的变化，保持可持续的优质实训效果，形成了独具特色的体验式学习体系。

1.团队拓展训练课程理论研究

（1）体验式课程设计

团队拓展训练项目的设计具有知识性和趣味性，看起来似游戏活动，其实是为达到某些预期的结果而特意设计的。目的是使学生能在愉快的参与中全面学到书本上很难学到或学不到的知识，感悟人生真谛和做人道理。同时，团队拓展训练具有很好的趣味性，能在短时间内吸引学生，激发起学生参与培训活动的热情，并让学生积极主动地、饶有兴趣地参与到活动中来，使学生能够在游戏中充分享受快乐，在快乐中完全得到感悟，在感悟中用心收获知识。

（2）依据学习流程设置课程内容

学生从对团队拓展训练一无所知到熟悉、参与、提高、总结，是一个循序渐进的过程。在团队拓展训练的5天里，课程内容也应遵循这样的规律。项目进程上可设置基础项目、提高项目和升华项目三个类别。项目内容可以分为基本素质训练和综合素质训练。团队拓展训练课程内容的设置围绕拓展学习流程展开，同时分析学生的心理特点、本着全体受训学生都能积极参与的原则，有针对性地进行设计。经过拓展训练教师团队多年的筛选和创新，保留下来的实训项目，如图4-7所示。

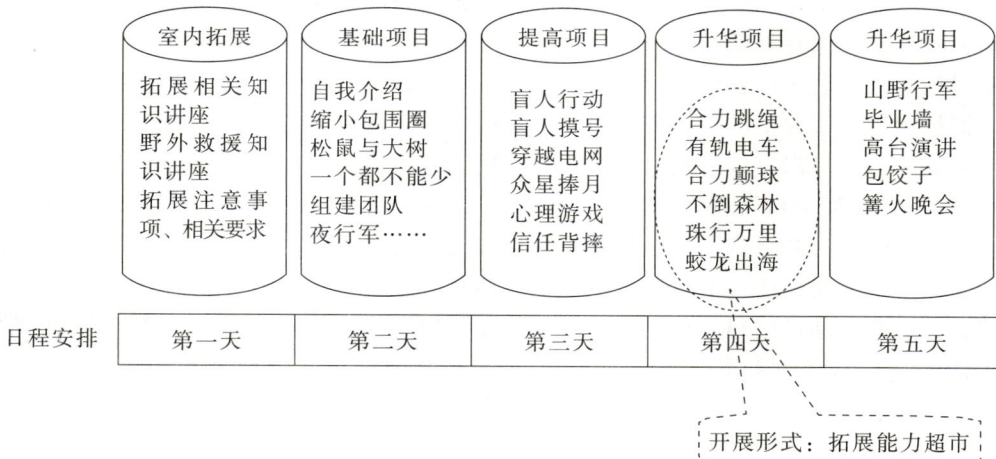

图4-7　课程内容设置图

值得一提的是，实训项目中的有轨电车、合力跳绳、合力颠球、不倒森林、珠行万里和蛟龙出海等六个项目构成一个竞赛单元，以"拓展能力超市"的形式进行：拓展教师分成六组，每组负责一个项目游戏规则的讲解、记时和评分，每个项目都有各自的场地（为保证游戏的公正性，不能被其他团队看到游戏过程），规定每个项目的最长用时；每个拓展团队在这些场地中轮流选择竞赛项目，体验一个个计划—执行—修正计划—再执行—成功（或失败）的完整过程。这个过程好像是每个团队揣着满满的好奇、信心和期待，来选购拓展项目一样，被大家形象地比喻为"拓展能力超市"。

（3）学科专业理念贯穿始终

团队拓展训练若以体育课程教学指导为纲要，就失去了它作为专业实训课程的意义。它以体验式教学的方式，加入教育和经管教学的元素，在游戏过程中注重反思与升华，最终实现经管类人才素质培养的目标。经过拓展训练教师团队多年的筛选和创新保留下来的每一个实训项目，都对学生所学的专业理论知识有很好的应用，对专业素质的培养有很好的引导（见表4-2）。

表4-2   团队拓展项目设置与教学目标

游戏项目		游戏意义	游戏项目		游戏意义
基础项目	自我介绍	打破陌生感，激发凝聚力和向心力	升华项目	有轨电车	木桶原理与指头原理；执行力的产生；合作，默契来自对目标的关注和团队的荣誉感
	缩小包围圈			合力跳绳	
	松鼠与大树	队名、队歌、口号、组建队委、摆造型——形成团队，团队文化展示		合力颠球	
	一个也不能少			不倒森林	
	组建团队			珠行万里	
	夜行军	初步团队行动		蛟龙出海	
	两块半、快指、传染病	热身，轻松		呼吸的力量	
提高项目	盲人行动	沟通，合作		山野行军	耐力、信心、合作，欣赏大自然之美
	盲人摸号	计划组织，创新协作，资源的利用与配置		毕业墙	合理分配、利用人力资源；团结一致、密切配合、战胜困难的团队精神
	穿越电网	挫折教育、感恩教育、资源分配			
	众星捧月	信任是合作的基础		高台演讲	回顾、总结、反思、提升
	心理游戏	观察能力、逻辑判断能力、想象力、语言表达能力、心理素质及表演能力		包饺子	感受经济与管理学院大家庭氛围
	信任背摔	自信与信任的关系；充分沟通与交流时建立信任的平台，自我挑战		篝火晚会	大屏幕回放拓展训练的点点滴滴，学生才艺、创造性集中展示

（4）教学组织流程遵循组织行为规律

团队拓展训练学习流程主要为引导、体验、感悟、总结、分享五个环节。在前期准备阶段，教师进行活动的设计，学生则需要调整心态准备投入活动；在场景布置阶段，教师亲自进行场景选择和布置工作，学生则需要了解活动项目的规则；在挑战体验阶段，教师监控整个活动的进程，观察学生的表现，及时解决出现的问题，学生亲自挑战各项目；在分享经验阶段，教师引导学生提升感悟和思想，学生则总结成功的经验或反思失败的原因；在活动实践阶段，教师的任务是对每一次活动的过程和效果进行深入研究，并在工作生活实践中总结经验，以便改进以后的团队拓展训练，学生则是在当次活动中汲取经验并运用到以后的学习生活中。团队拓展训练教学组织流程如图4-8所示。

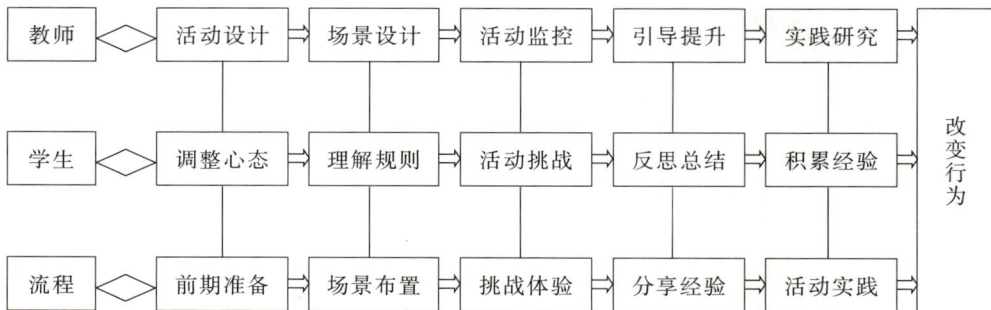

教师	◇	活动设计	⇒	场景设计	⇒	活动监控	⇒	引导提升	⇒	实践研究	⇒	
学生	◇	调整心态	⇒	理解规则	⇒	活动挑战	⇒	反思总结	⇒	积累经验	⇒	改变行为
流程	◇	前期准备	⇒	场景布置	⇒	挑战体验	⇒	分享经验	⇒	活动实践	⇒	

图4-8　团队拓展训练教学组织流程图

（5）侧重于过程和提高幅度的课程考核体系

拓展训练的考核按照"教师观察、评价与客观表现相结合，过程与结果相结合，团队表现与个人突破相结合"的原则，设置了统一的考核体系。考核指标包括：出勤成绩——学生的客观表现；过程成绩——带队教师的观察、评价；团队成绩——竞赛结果；训练日记和总结报告——学生的参与过程和训练收获与提高。指标比例侧重于学生的收获和提高，偏重过程指标。

2.团队拓展训练教学实践应用

（1）在自然环境中建立全真实践教学基地

为了追求素质教育效果，让学生充分体验到团队拓展训练的自然之美、挑战之美和心灵之美，我院团队拓展训练基地选址于沈阳棋盘山和抚顺清原，这里自然环境和风景优美，是实训的绝佳场地：学生在大自然中感受着原始森林的鸟语花香；在丛林中穿越，真诚交流、相互信任。露天的自然环境变化无常，风吹、雨淋、日晒、降温等都增加了学生的体验感，提高了团队拓展训练的魅力。

（2）教学模式："1234"模式

"1"是指结合经济管理类人才培养需要和学生特点，以"挑战自我、沟通合作、熔炼团队"作为开设该实训课的基本目标，团队拓展训练教学内容的设置围绕基本理念、学生学习流程和教学组织流程展开。"2"是指项目内容分为基本素质训练和综合素质训练两部分。基本素质训练主要提高学生的自我挑战能力，磨炼意志品质；综合素质训练主要增强学生的团队意识，培养学生的沟通能力、管理和组织能力以及人际关系的协调能力。"3"是指在项目进程上遵循循序渐进的教学规律，设置基础项目、提高项目和升华项目三个类别。在团队拓展训练的1周内，课程内容遵循这样的规律。

"4"是指通过让学生参与体验、思考与反思、总结交流以及应用升华四个教学环节，培养积极的自我挑战能力和良好的团队协作能力（如图4-9所示）。

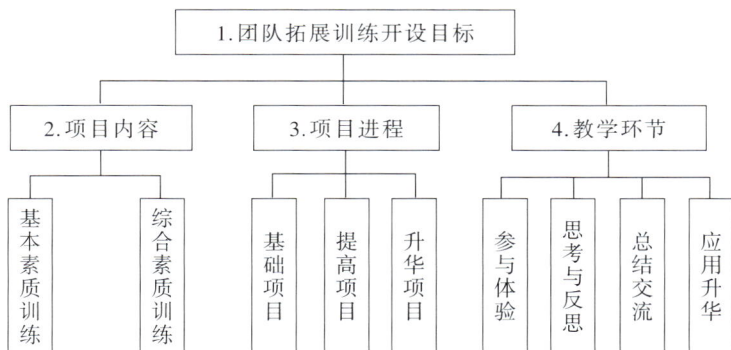

图4-9 "1234"教学模式

（3）教师团队模式："1带2"模式

团队拓展训练对师资力量的要求有别于其他实训，它要求教师有良好的身体素质，能合理利用教学资源（教学时间、场地、器材以及天气情况），具备团队拓展训练方面的系统专业知识、技能和丰富的教学经验。我院已经形成一支稳定的团队拓展训练教师队伍，并且探索出了一个稳定的"1带2"教师团队梯队构成模式，即"1支专职教师核心团队，带动培养年轻新教师+学生助理"模式（如图4-10所示）。专职教师核心团队有良好的身体素质，掌握管理学、组织行为学、心理学等方面的知识，多年参与团队拓展训练的设计和组织；同时，从培养后备力量和优秀学生的角度出发，每次团队拓展训练都要选拔新入职的青年教师和往届团队拓展训练中表现优秀的高年级学生参加，新教师和老生参与热情高、想法新颖、亲和力好，带队效果非常出色。

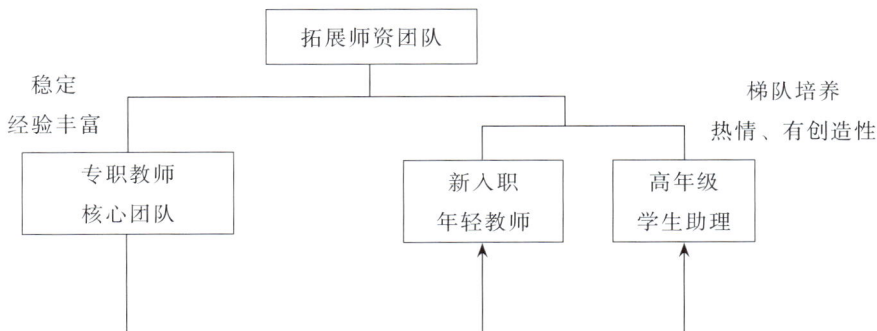

图4-10 教师团队"1带2"模式

（4）组织与管理模式："2查3会"模式

团队拓展训练由于其自身特点，对安全、场地、费用、师资力量和学生组织等工作要求很高，因此实训的组织和管理一定要周密和完善，我院拓展训练已经形成了"2查3会"的过程管理模式（如图4-11所示）。

"2查"是指实训前对场地进行考察，实训中对组织过程进行检查。每次实训前，学院领导和核心教师团队都亲自考察基地，逐项检查实训器材和场地潜在危险因素，对

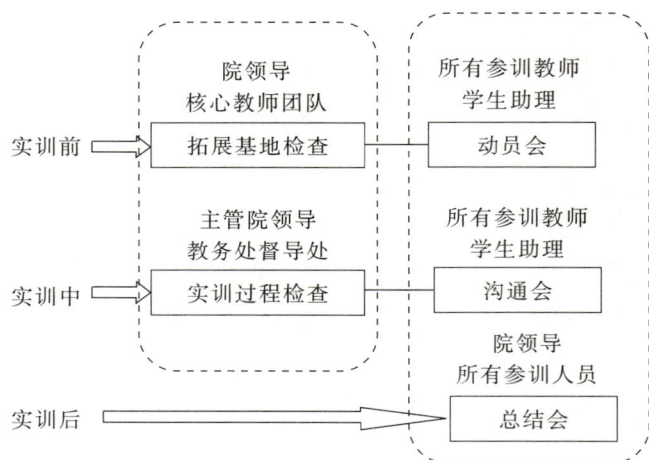

图4-11　组织与管理"2查3会"模式

野外项目预先踩点，选择最佳的地点和训练内容；与基地经营者落实实训后勤事宜，确保实训顺利进行；实训过程中，学院主管领导、教务处、督导处随时到场检查实训项目的组织过程，切实保证实训质量。"3会"是指召开拓展教师动员会、沟通会和总结会。每次实训前都要召开2～3次拓展教师动员会，明确责任、分工；重申项目实施的方法以及安全注意事项；新教师培训；学生助理培训；印刷分组名单、日程安排、项目指导手册等文字材料，做到人手一份。实训过程中，带队教师经常以灵活的方式开沟通会，大家每天利用三餐时间、午休时间、就寝前时间，围绕日程安排，对完成的项目质量进行总结，对拟开展的项目进一步讨论组织细节，监督常规训练，解决出现的突发问题。拓展结束后，召开总结会，教师及时交流、总结经验。

（5）教学资源建设：完备、标准化

拓展训练的教学资源分为两部分：拓展器材和文档材料。教师在实训的全过程中，做到资料完备、规范、统一。学院现已开发出完备的、形式多样的教学资源，包括拓展器材和文档材料。拓展器材包括设备、道具、药品、照灯、投影仪和移动屏幕、音箱以及耗材等物品。文档材料包括教学大纲、实训指导书和计划书、学生实训手册、实训教材、灾难自救互救教学光盘和游戏项目讲解课件等。

第 5 章

团队拓展训练项目介绍

5.1 热身项目

项目1：直呼其名

项目简介：

这个游戏主要用来帮助大家记住彼此的名字，消除队员间的陌生感。该项目时间为 10~15 分钟；人数不限，但人数较多时，需要将队员划分成若干由 15~20 个人组成的小组。

项目道具：

（每个小组）3 个网球或是 3 个比较软的小球。

项目操作步骤：

（1）选一块开阔平整的游戏场地。

（2）队员们以小组为单位站成一圈，两人相距约一臂长，教师也不例外。

（3）告诉小组队员游戏将从教师开始。教师大声喊出自己的名字，然后将手中的球传给自己左边的队友。接到球的队友也要如法炮制，喊出自己的名字，然后把球传给自己左边的队友。这样一直继续下去，直到球又重新回到教师的手中。

（4）教师重新拿到球后，告诉大家现在要改变游戏规则了，接到球的队员必须喊出另一个队员的名字，然后把球扔给该队员。

（5）几分钟后，队员们就会记住大多数队友的名字，这时，再加一个球进来，让两个球同时被扔来扔去，游戏规则不变。

（6）在游戏接近尾声的时候，再把第三个球加进来，其主要目的是让游戏更加热闹有趣。

（7）游戏结束后，在解散小组之前，邀请一个队员，让他在小组内走一圈，报出每个人的名字。

项目安全：

注意扔球的时候不要用力过猛。教师最初扔的球应当是一个速度较慢的高球，为后续的扔球手法树立典范。

项目变通：

（1）如果几个小组同时玩这个游戏，可以让不同的小组在游戏中间交换一半队员。

（2）队员们可以随心所欲地更换小组。被新小组接纳的唯一条件是新成员在站好位置后喊出自己的名字，以便其他队员扔球给他。

讨论问题示例：

（1）你记住所有人的名字了吗？

（2）你在项目进行中记住其他人的名字时有什么技巧？

（3）这个项目对你有哪些启示？

项目2：缩小包围圈

项目简介：

这是一个不可能完成的任务，但是它会给游戏者带来无尽欢笑，使小组充满活力，营造融洽的气氛，为后续培训活动的开展奠定良好基础；让队员们能够自然地进行身体接触和配合，消除害羞和忸怩感。该项目时间大约5分钟，人数不限。图5-1是缩小包围圈项目图示。

图5-1　缩小包围圈

项目道具：

无。

项目操作步骤：

（1）让队员们紧密地围成一圈，包括教师。

（2）让每个队员把自己的胳膊搭在相邻同伴的肩膀上。

（3）告诉大家我们将要面临一项非常艰巨的任务。这项任务是大家要一起向着圆心迈三大步，同时要保持已经围好的圆圈不被破坏。

（4）等队员都清楚了游戏规则之后，让大家一起迈第一步。迈完第一步后，给大家一些鼓励和表扬。

（5）现在开始迈第二步。第二步迈完之后，教师可能就不必去想那些表扬与鼓励的词语了，因为目前的处境已经使大家忍俊不禁了。

（6）迈第三步，其结果可能是圆圈断开，很多队员摔倒在地。尽管很难成功地完成任务，但是这项活动会使大家开怀大笑、烦恼尽消。

项目安全：

在迈第三步的时候尤其要注意，不要让有些队员摔得过重。

项目变通：

（1）如果参加人数多于40个人，最好分成小组来完成该游戏。

（2）可以把队员们的眼睛都蒙起来做这个游戏。

讨论问题示例：

（1）大家对个人的身体空间有什么感觉？

（2）这对我们以后将要进行的游戏有什么影响？

项目3：组建团队

项目简介：

这个游戏鼓励团队成员从培训之初就要团结起来。这个任务看起来简单，但是操作起来也有一定难度，尤其是对队员的智力要求较高。该游戏要求对参与人员进行分组，各组确定队名、队长、口号、队歌并设计队旗；该游戏时间大约40分钟；一组队员人数为15~20人。组建团队示例，如图5-2所示。

图5-2 组建团队

项目道具：

旗杆、彩旗、画笔。

项目操作步骤：

（1）如果参加人数较多，可将队员划分成若干由15～20个人组成的小组。

（2）各组在30分钟内选出一名队长，队长要带领队员参加以后的全部活动。团队在队长的带领下给自己起一个名字，名字可以有实际意义，也可用符号代替。再根据团队的名称确定团队的口号、队歌，并设计一面符合自己团队风格的队旗。

（3）各团队在其他队伍面前展示自己的队名、口号、队歌及队旗。

（4）团队活动过程中要称呼其队名。

讨论问题示例：

（1）各组都起了什么名字？

（2）每个小组起的名字能准确描述各自的特点吗？

（3）这个游戏能增强培训效果吗？为什么？

项目4：走进绳圈

项目简介：

这是一个适合在培训之初开展的游戏，用以鼓励队员们培养团队意识，让队员们能够自然地进行身体接触和配合，消除害羞和忸怩感。该游戏时间大概10分钟，人数不限。

项目道具：

一根长绳子，绳子一端有个可以移动的结（绳子呈圆形套索状），绳子的长度取决于参加的人数。

项目操作步骤：

（1）将绳子放在地上围绕成圆形，要求绳圈足够大，所有队员站到里面后地方仍很充裕。

（2）让队员们站在教师身边。

（3）他们的任务是进入绳圈，但不能接触绳子。要求双脚都落在绳圈内，全部着地。

（4）开场白示例如下：想象一下，大家正在一个规模宏大的化工厂徒步参观。走到半路，忽然有人看到一种液体正从一个巨大的容器中喷射出来，你们很快就被液体包围了。一名工人向你们大喊：地上的化学物质具有高度腐蚀性。如果有一滴液体溅落在脚或者腿上，整个肢体将被腐蚀掉。他还大喊：你们面前恰好就是一块安全区域，四周有排水沟环绕。排水沟看起来像普通绳子，但实际上是一种很复杂的设备。它唯一的缺点是容易破裂，因此如果有人碰到排水沟，它就会破裂，化学物质将扩散到你们站立的地方，所以大家要立即逃入安全区。

（5）所有队员都进入绳圈后，再让他们走出来。

（6）然后拉动绳子的滑动结，缩小绳圈面积。虽然他们能在此地幸免于腐蚀性化学物质的伤害，但是现在又被困在工厂的另一个地方，安全区变小了。

（7）要求队员们按同样的规则进入绳圈。

（8）他们进去之后再出来，然后继续拉动绳子的滑动结，进一步缩小绳圈面积。

（9）重复以上步骤，直到队员们必须挤进绳圈、互相扶持为止。

项目安全：

不允许队员跳入人群中或者抓住别人的肩膀来平衡自己。

项目变通：

（1）游戏期间，整个团队需保持沉默。

（2）蒙着眼睛做游戏会更有趣，可以让一个看得见的队员指挥其他蒙着眼罩的队友该如何做。

讨论问题示例：

（1）有人认为该游戏会使他感到不自然吗？为什么？

（2）来自不同文化背景的人们对个人的身体空间有不同认识吗？

项目 5：松鼠与大树

项目简介：

这个游戏主要用来活跃气氛，让大家充分热身，融洽队员的关系，减少拘束感。该游戏时间为 10～15 分钟；人数不限，但人数较多时，需要将队员划分成若干由 15～20 个人组成的小组。

项目道具：

无。

项目操作步骤：

（1）事先分组，3 人一组。2 人扮大树，面向对方，伸出双手搭成一个圆圈；1 人扮松鼠，并站在圆圈中间；教师或其他没成对的学员担任临时人员。

（2）培训师喊"松鼠"，"大树"不动，扮演"松鼠"的人就必须离开原来的"大树"，重新选择其他的"大树"；培训师或临时人员就扮演"松鼠"并插到原来的"大树"当中，落单的人应表演节目。

（3）培训师喊"大树"，"松鼠"不动，扮演"大树"的人就必须离开原先的同伴重新组合成一棵"大树"，并圈住"松鼠"；培训师或临时人员就扮演"大树"，落单的人应表演节目。

（4）培训师喊"地震"，扮演"大树"和"松鼠"的人全部打散并重新组合，扮演"大树"的人可扮演"松鼠"，扮演"松鼠"的人也可扮演"大树"，培训师亦插入队伍当中，落单的人表演节目。

项目安全：

队员在跑动过程中要时刻关心自己以及队友的安全，注意不要摔倒。

项目变通：

可以在组织项目时要求男女队员的比例搭配合理，这样能使整个团队更加融洽。

讨论问题示例：

（1）你在此项目中扮演什么角色？这个角色的挑战性在哪里？

（2）完成项目的技巧是什么？

（3）你对这个项目有什么感受？

项目6：电波的速度

项目简介：

这是一个快速而且简单的小游戏。它可以使整个小组协同工作，并给他们带来欢笑。它能够增强小组的凝聚力，激励小组挑战自我、超越自我。游戏时间大概15分钟；人数不限，越多越好。

项目道具：

秒表。

项目操作步骤：

（1）让所有队员手拉手站成一圈。

（2）随意在圈中选出一个人，让他用自己的左手捏一下相邻同伴的右手。问第二个人是否感受到了队友传递过来的捏手信号，这里我们把它称为"电波"。告诉大家收到"电波"后要迅速把电波传递给下一个队友，也就是要快速地捏一下下一位队友的手。这样一直继续下去，直到"电波"返回起点。

（3）告诉大家将用秒表记录"电波"跑一圈所需要的时间，然后大喊"游戏开始"，并开始计时。

（4）告诉大家"电波"传递一圈所用的时间，鼓励一下大家，然后让大家重新再做一次"电波"传递，希望能更快一些。

（5）让队员们重复做几次"电波"传递，记录下每次所用的时间。

（6）等大家都熟练起来之后，变更"电波"的传递方向，使"电波"由原来的沿顺时针方向传递变为沿逆时针方向传递。

（7）"电波"沿着新方向被传递几次之后，再一次让队员们逆转"电波"的方向，同时让队员们闭上眼睛或是背向圆心站立。

（8）在游戏快要结束的时候，为了使游戏更加有趣，悄悄告诉第一个人同时向两个方向传递"电波"，而且不要声张，看看这样会带来什么有趣的效果。

项目变通：

可以用其他的方式传递"电波"，如轻轻敲打同伴或是吹口哨。

讨论问题示例：

（1）为什么传递方向突然改变后"电波"传递速度会变慢？

（2）为什么闭上眼睛后"电波"传递速度会变慢？

（3）在"电波"沿两个方向同时传递的情况下，"电波源"对面的队员感受如何？

项目 7：做鬼脸

项目简介：

在整个培训活动过程中可以随时做这个游戏，目的是引人发笑，缓解紧张气氛。时间为 5 分钟，人数不限。

项目道具：

一枚硬币。

项目操作步骤：

（1）所有队员包括教师围成圆圈站立，面向中心。

（2）首先选一半志愿者到圆圈里面来，脸向上，平躺在地。

（3）教师也和这些志愿者一起走到圆圈中，要求他们的身体和头部完全静止，头不能离地或者左右摆动。

（4）在每个志愿者的鼻尖上放一枚小硬币。

（5）要求他们只能做鬼脸，一分钟之内使硬币从鼻子上掉下来。教师一定要有照相机，给他们照一些面部特写镜头，带回去张贴公布。

（6）之后，换另一半人上来，重复游戏。

（7）一些队员成功完成动作后，让他们平躺在地上围成一个圆，头朝圆心（最好头挨着头），看谁最先把硬币弄下来。

项目变通：

为使游戏更有趣、更富挑战性，将 3 个硬币分别放在志愿者的鼻子、额头和下巴上。

讨论问题示例：

（1）你觉得如何才能使硬币不掉下来？

（2）你觉得这个游戏项目有挑战性吗？

（3）当放 3 个或更多硬币的时候，你会如何使得硬币不掉下来？

项目 8：顶屁股

项目简介：

这是一种循环游戏，培训过程中可以随时开展，让队员们以有趣的形式对抗，目的是让队员们能够自然地进行身体接触和配合，消除害羞和扭怩感。

项目道具：

一段长绳子、一个口哨。

项目操作步骤：

（1）把绳子拉直后放在地上。

（2）后背有疾病的人不能参加这项游戏。让所有队员按大小个儿排成一列，然后从队列一端开始，彼此结对儿。如果总人数为奇数，教师就要参加进来。

（3）每对搭档分立绳子两侧。

（4）彼此转身，背对自己的搭档。

（5）每对搭档都俯身半蹲，胳膊穿过两腿之间，和对方双手相互扣住，此时绳子恰好在他们之间。

（6）一听到口哨声，他们便用力把对方拉过绳子——就像拔河游戏。

（7）将第一轮比赛的获胜队员作为二次参赛者，互相结对。重复这种游戏，直到产生总冠军为止。

（8）让所有队员找回第一个搭档，站到游戏开始时的位置。这次用力推对方，直到自己向后跨过绳子。重复该过程，直到产生总冠军。

（9）最后做拔河游戏。让大家重新站到刚开始的最初位置，每对搭档都俯身半蹲，向后伸胳膊抓住背后两个队员的手（一只手握自己的搭档，另一只手握搭档旁边的人）。最先把对方拉过线的那组队员获胜。

项目安全：

背部有疾病的人不能参加该游戏。确保队员们动作要柔和，不要粗暴。

讨论问题示例：

（1）你们在游戏过程中遇到了什么问题？你们是如何解决问题的？每个人的任务是什么？

（2）如何将这个游戏和我们的实际工作联系起来？

项目9：达尔文法则

项目简介：

这是一个以猜拳形式进行的游戏，目的在于营造热闹的气氛，打破彼此间的隔膜。时间30分钟左右，人数不限。

项目道具：

无。

项目操作步骤：

（1）活动以猜拳形式进行（石头、剪刀、布），进化程序：蛋—鸡仔—凤凰—人。

（2）活动期间，各队员需不断与别人对猜，赢了可升一级，输了跌一级，直至变成"人"为止。

（3）游戏开始时，所有队员都是"蛋"。

（4）当再没有人能变成"人"时（如只剩下一只蛋、一只鸡仔和一只凤凰），游戏便结束。

游戏规则：

（1）不同层次的动作：

蛋——蹲下；

鸡仔——蹲下，手模仿翅膀在身旁拍打；

凤凰——站立，两手呈三角形放在头顶上；

人——两手叉腰站在一旁。

（2）只可跟同一层次的人猜（即鸡仔只能跟鸡仔猜，而不可跟蛋、凤凰或人猜）。

讨论问题示例：

（1）你觉得此项目最考验你的哪方面技能？

（2）当你猜拳接连输的时候是什么感受？

项目 10：炸药

项目简介：

这个游戏主要利用气球来活跃现场气氛，让学员打破隔膜，迅速融入团队。

项目道具：

气球若干个。

项目操作步骤：

（1）让队员们每 3 人组成一个小组。

（2）给每组发一个气球，让大家把自己的气球吹起来，不要把气球吹到轻轻一压就会爆的程度，让气球内的空气量达到其最大容量的 75% 即可。

（3）让每个小组都面对面围成一个紧密的圆圈。

（4）让每个小组都把气球放到圆圈的中间，气球的高度与腰齐平。

（5）让队员们向圆心的方向走，直到 3 个人能够用腹部夹住气球。然后，大家都要把手从气球上拿开。

（6）告诉队员们他们的任务是走 3 步，并挤碎气球。第一个挤碎气球的小组将会获得特别奖励。

（7）如果有些小组始终不能挤碎气球，让那些成功完成任务的小组过去帮助他们。

项目变通：

（1）如果由两个人组成小组来挤气球的话，会变成一种非常亲密的举动。

（2）为了加大游戏的难度，可以让 4 个人一组来挤气球。

（3）可以蒙上队员们的眼睛，并且让大家保持绝对的安静，然后再按照上面的规则来玩这个游戏。

（4）如果有游泳池，可以在水里玩这个游戏。

讨论问题示例：

（1）完成此项目的技巧是什么？

（2）你在此项目中学到了什么？

项目 11：传染病

项目简介：

这是一个非常有趣的快跑游戏，可活跃团队气氛，让队员们能够自然地进行身体接触和配合，消除害羞和忸怩感。项目时间大约 30 分钟，人数不限。

项目道具：

一处宽敞的运动场、一个网球。

项目操作步骤：

（1）告诉队员这个游戏类似于捉迷藏。首先让一名队员当捕手，其他人尽量避免被抓住。任何队员只要被捕手接触，就算被抓住。然后他的手就和捕手的手绑在一起，成为一个新捕手，继续捕捉其他队员。重复前面的过程，直到最后一个人被抓住为止。

（2）开场白示例如下：你们当中有一人将要感染一种罕见的传染病。他得了这种病以后，接触到其他任何人，彼此的手就会粘在一起而不能分开。如果他俩接触到别人，对方的手也会被粘过来。这种病还会影响人的思维，病人不是尽量隔离这种病，反而沉迷于去传染别人。你们的任务就是尽量延长自由时间，不要感染这种病。祝你们好运！

（3）给大家指出运动场的边界。从口袋中拿出网球扔给一个队员，告诉他们此球已经携带了病毒，并将传染给他们。

项目安全：

密切注视粘连队伍，确保成员在活动中不会失去平衡。

项目变通：

告诉队员们当病毒感染到4个人以后，他们就分裂为2组，每组2人。每组病人继续去感染别人，直到再次变成4人，重新分裂。

讨论问题示例：

（1）游戏中谁是最后一个被感染的？

（2）你们对这个游戏有何感想？

5.2 场地项目

项目1：南辕北辙

项目简介：

这是一个在队友之间建立信任的绝妙游戏，目的在于培养团队精神。该项目时间大约30分钟，人数不限。

项目道具：

眼罩。

项目操作步骤：

（1）让大家互相结为搭档，每组搭档发一个眼罩。

（2）把大家带到场地的一端，在场地另一端选一个物体作为目标。

（3）每组搭档中一人蒙上眼罩，另一人跟在身后，防止他绊倒或撞上某些障碍物。但是他不能给蒙眼睛的搭档指路或做任何暗示告诉他该向哪里走。当蒙住眼睛的搭档觉得到了那个目标停下来时，两个人都停下，取下眼罩，看距离最终目标到底有多远。

（4）两个搭档转换角色，重复游戏，直到所有人都蒙过眼罩为止，询问他们为什么大多数队员距离最终目标那么远。

（5）给每组搭档再发一个眼罩。让他们仔细观看前方的目标后，都蒙上眼罩，挽着胳膊或携手一起走向目标。一定要用相机给他们拍些特写，留作纪念。

（6）当他们发现两个人的行动并不比单个人好多少时，建议所有队员联合起来尝试一次。让大家仔细观看目标所在地之后，都蒙上眼罩携同向目标进发，队员们感觉到达目标后全部停下。当所有队员都停下后，每人都指向自认为目标所在的方向。同时，用另一只手拿下眼罩。

（7）向大家解释为什么这个游戏叫南辕北辙——这是因为放在极地的指南针可以指向很多方位作为南方。具体到这个游戏，虽然每个人对目标在哪儿都有自己的想法，但是团队作为一个整体比前面的单个人或一组搭档更能接近目标。

项目安全：

保证地上没有障碍物绊倒队员。

项目变通：

让队员们倒退着走向目标，这样他们的体会会更深。

讨论问题示例：

为什么最终整个团队比单个人或一组搭档更靠近目标？

项目 2：众星捧月

项目简介：

这是一个不需要任何道具的信任游戏，能增进队员之间的信任感；使队员们发扬团队精神协同工作；让队员们能够自然地进行身体接触和配合，消除害羞和忸怩感。项目时间大约 40 分钟，人数在 20 人左右。

项目道具：

无。

项目操作步骤：

（1）整个团队分两列纵队站立，两列队员要肩并肩站齐，彼此尽量靠近。如果队员总数是奇数，让其中一名队员做教师的助手。

（2）选队列前面一名队员作为旅行者，让队员们把这位旅行者举过头顶，沿他们排成的两列纵队，传送到队尾。这是一个能真正体现人多力量大的游戏。旅行者到达队尾后面几个队员举着他的身体下落时，应保证他的双脚安全着地。

项目安全：

必要时多安排一些监护员，这完全取决于参加游戏的团队组成状况。

项目变通：

如果参加人数较少，队列前面的队员传送"旅行者"后，要立即移动到队尾。这样也能使旅行者转移到预定地点。

讨论问题示例：

（1）你们对游戏的最初感觉是什么？

（2）游戏结束后感觉如何？

（3）当你被别人举着传送至队尾时，感觉如何？

项目 3：云梯

项目简介：

这个游戏主要用于建立小组成员间的相互信任。虽然游戏设计很简单，但是非常有效。项目时间大约 60 分钟，参加人员的多少将影响时间的长短，人数在 20 人左右。

项目道具：

10～12 根硬木棒儿或水管，要求每根长约 1 米，直径约 32 毫米。

项目操作步骤：

（1）让每个队员找一个搭档。如果参加人数为单数，让落单的人第一个爬云梯。如果参加人数为双数，那么随意叫出一对搭档，让其中一个人爬云梯，另一个人做监护员。

（2）给每对搭档发一根木棒儿（或水管）。让每对搭档面对面站好，所有搭档肩并肩排成两行。

（3）每对搭档握住木棒儿，木棒儿与地面平行，其高度介于肩膀和腰部之间，这样整体变成了一个类似水平摆放的木梯的形状。每根梯线的高度可以略有不同，以形成一定的起伏。

（4）把选好的爬梯者带到云梯的一端，让他从这里开始爬到云梯的另一端。在只有四五对搭档参加游戏的情况下，可以让前端的搭档等爬梯者通过后，迅速跑到末端站好，这样就能随意延长云梯。

项目安全：

要确保木棒儿或水管表面光滑，以避免划伤或扎伤爬梯者；确保每个人都能牢牢抓住木棒儿，千万不能在队友经过的时候失手。

项目变通：

（1）可以调整队形，形成一个弧形的梯子。
（2）可以把爬梯者的眼睛蒙起来，但是不要蒙住做"梯子"的队员的眼睛。

讨论问题示例：

（1）每个人爬梯之前感受如何？
（2）爬梯之后又有何感想？
（3）你在云梯上的时候是什么感觉？
（4）做"梯子"的时候你有何感受？

项目 4：信任背摔

项目简介：

这是一个个人挑战与团队合作相结合的项目（如图 5-3 所示），以体现团队信任的力量；增强自信，强化自控；认识自我，培养学员突破本能带来的心理和行为飞跃，促进学员之间的相互了解与信任，增强团队凝聚力；帮助学员认识到彼此信任对团队建设的重要性；培养学员换位思考的习惯，促进相互理解与体谅，减少团队内部矛盾。项目时间大约1个小时，人数在20人左右。

图5-3　信任背摔

项目道具：

高台、保护设施。

项目操作步骤：

每名队员均需完成，如有队员非身体原因坚持不做，视为项目未成功。

（1）全体队员先用队训鼓励背摔的队员，并在教师的协助下帮助其爬上背摔台（台高1.4米，教师已在台上）。

（2）面对教师，侧对下面队员，先绑好手（绑手带长1米，宽0.2米，棉布制成）。先让学员掌心朝下，双臂伸直，双手体前交叉，然后掌心相对，十指相交握在一起，由内向上翻至胸前，教师用绑手带在其手腕处打带活端的平结。

（3）绑好手后，教师将学员身体转至背部正对下面承接的队员，立正站在背摔台边沿，脚后跟稍出背摔台约1/4，做好背摔准备。

（4）下面队员在做好接人的准备后应异口同声地问上面的队员："准备好了吗？"该学员要大声回答"准备好了"，下面队员大声说"请相信我们"，上面的队员回答"我相信你们"，然后该队员直体倒下。

（5）倒的动作要领是：头略低，拳头抵住下颌，双肘夹紧，胸与腰挺直，臀部与膝盖都不要弯，下倒时重心上移，以肩的运行为身体的导向，就会倒得比较直。

（6）倒时，要注意以下几点：尽最大努力保护身体正直，双肘夹紧不要分开，双脚并拢，倒下后，控制双脚不要抬起；倒时不要扭头向后看，不要向下跳，不要向后跃出。

（7）队首的承接员接住跌落者以后，将其传送至队尾。

（8）队尾的两名承接员要始终抬着跌落者的身体，直到他双脚落地。

（9）刚才的跌落者此时变成了队尾的承接员，队首的承接员变成了台上的跌落者。循环下去，让每个队员都轮流登场。别忘了让监护员和队友交换角色，好让他也能充当承接员和跌落者。

（10）如果有人不愿意参加跌落，不要逼迫或者嘲笑他们。尽量要求所有队员都参与跌落，但若确实有一两个人不愿意参加，可以让他们在平台上面对承接队伍站一会儿，然后跳下来（跳到承接队尾，好像他刚跌落完毕）。或许他会改变主意，愿意参加跌落。

项目安全：

（1）任何时候，都不能让队员从1.8米以上的地方向后倒；否则跌落者的头或肩将比身体的其他部位先接触承接队伍，导致摔伤。因为跌落者下落时，重量主要集中在这些部位，头很容易撞在地上，那样是相当危险的。

（2）必要时多安排几个监护员，监护员的数量取决于培训队员的组成状况。

（3）务必让承接员摘下手表、戒指或其他尖锐的物件；跌落者掏空所有衣兜，解下带扣的腰带。

项目变通：

对于那些既成的团队，可以考虑给跌落者蒙上眼罩，加大游戏难度。

讨论问题示例：

（1）当你站在背摔台上的时候，感觉如何？

（2）当你跨越心理障碍，完成了挑战之后的感觉如何？

（3）在这项活动中，你认为最关键的地方在哪里？怎样才能帮助队员跨越心理障碍，做到他认为自己不可能做到的事情？

项目5：一路声响

项目简介：

这个游戏能增进团队信任，最好在一个没有外界干扰的树林里进行。这样，队员们不仅能回归自然，还能享受天籁之音。项目需要1个小时左右，人数为8～12人。

项目道具：

给每个队员准备一个眼罩，选择一条长200~1 000米的林间小道。

项目操作步骤：

（1）所有队员都蒙上眼罩，直到游戏结束为止。同时，教师要作为监护员，始终和他们在一起。如果有人遇到困难，随时都能找到监护员。

（2）队员蒙好眼罩后，教师开始致开场白：你们是一个古城探险队，据说古城位于一个与世隔绝的森林里。调研结束后，你们找到了一个能带大家到古城遗址的向导。通过翻译费尽周折的解释，那位向导才相信你们的探险是多么重要，并且同意带你们去古城。传说古城的地面上到处散落着金币和珍贵的宝石，如果任何宝物被带出城外，灾难将降临到全城人民的身上。因此，只有大家都答应蒙上眼罩，以后不会再找这条路，向导才同意带路。向导不信任你们的翻译，他不能和大家一起去古城。你们和向导的语言不通，因此不能和他作口头交流，但是，可以发出其他声音或者声响来表达意愿。向导马上就要到了，请大家准备好，确保整个团队安全到达古城。大家还有什么问题吗？

（3）解答完所有疑问后，拍拍一个队员的肩，示意他摘掉眼罩，与教师一起走开，不让其他人听到你们说话。告诉这个队员他将充当向导，负责带领整个团队安全到达目的地（告诉他终点在哪里）。队员之间不允许说话，但是可以吹口哨、拍手或者采用其他方式同队友进行交流，并且每次交流时只能用手碰一名队员。

（4）把他带回队伍中，告诉队员们向导来了，准备出发。行进中有可能发生很多事情，因此大家要做好充分准备。

（5）行程结束后，准备好咖啡或者午餐，给大家接风。如果帮手较多，让他们提前出发去准备，如果能野炊更好。休息之后，让队员们原路返回，看看走过的路，确认一下沿路的声音都从何处而来。

项目安全：

游戏过程中至少安排2位监护员，他们要始终保持警惕，防止队员发生不测。因为在行进过程中，队员们绝对信任向导，即使他把队伍带到悬崖边，队员们也会径直走过去的。

项目变通：

要求向导在游戏过程中不能碰任何队员，并且要在开场白中解释一下，这是出于健康原因考虑。总之，要发挥你的想象力。

讨论问题示例：

（1）当蒙上眼罩开始行进的时候，你感觉害怕吗？

（2）在行进过程中，当听到向导的声音时，你的第一反应是什么？

（3）整个项目完成下来，给你感受最深的是什么？

项目6：地雷阵

项目简介：

这个游戏既可以在室内进行，也可以在室外进行。它有助于建立小组成员间的相互信任，促进沟通与交流，使小组充满活力。项目时间大约30分钟，人数不限。

项目道具：

每对参赛者一个眼罩；两根约10米长的绳子；一些报纸，使用对角线约60厘米的硬纸板、地板块代替亦可，用来代表游戏中的地雷。

项目操作步骤：

（1）选一块宽阔平整的游戏场地。

（2）安排不想参加游戏的人做监护员。当参加游戏的人较多时，游戏场地会变得非常喧闹。这是一个有利因素，因为这会使穿越地雷阵的人无所适从，难以分清听到的指令是来自自己的同伴，还是来自其他小组的人。

（3）让每个队员找一个搭档。

（4）给每对搭档发一块蒙眼布，每对搭档中有一个人要蒙上眼睛。

（5）眼睛都蒙好之后，就可以开始布置地雷阵了。把两根绳子平行放在地上，绳距约为10米。这两根绳子标志着地雷阵的起点和终点。

（6）在两绳之间尽量多地铺上一些报纸（或是硬纸板、地板块等）。

（7）被蒙上眼睛的队员在同伴的牵引下，走到地雷阵的起点处，挨着起点站好。他的同伴后退到他身后两米处。

（8）致游戏开场白。开场白示例如下：几天前，你和你的同伴因参加革命活动而被捕，被一起关在一间牢房里。黎明前，你和同伴侥幸逃了出去。可糟糕的是，他非常不熟悉牢房外面的情况。这是一个没有月亮的夜晚，外面一片漆黑，伸手不见五指。为了逃离危险，你和同伴必须穿过一个地雷阵。你很清楚地雷阵的布局和每个地雷的位置，可是你的同伴不知道，你需要以喊话的方式，在他穿越的时候为他指引方向。如果你的同伴在穿越的过程中碰到或撞到了地雷阵中的其他人，他必须静止30秒后方可移动。如果他不小心碰了"地雷"，那么一切就都结束了，你们小组将被淘汰出局。天很快就要亮了，你的同伴必须尽快穿过地雷阵。一旦天亮，哨兵就会发现地雷阵中的人，并开枪将他们打死。赶快开始行动吧！

项目安全：

留意那些被蒙住了眼睛的人，他们不知道自己会走到哪里去。

项目变通：

（1）这个游戏也可以在室内进行，可以使用胶带来标记地雷阵的起点和终点。

（2）可以使用诸如拼图板、捕鼠器之类的物品来代表地雷。

讨论问题示例：

（1）哪个小组率先通过了地雷阵？

（2）做完了这个游戏大家感受如何？你的同伴能做到指令明晰吗？

项目7：孤岛求生

项目简介：

一船人外出旅游不幸遭到风浪，导致游船沉没，队员被打散。队员们分别游到了3个岛屿上。第一个岛为盲人岛，队员不幸误食了有毒的水果导致全体失明；第二个岛为哑人岛，队员误食了不明动物肉导致全体人员变哑；第三个岛为珍珠岛，队员没有发生任何不幸，全体健康。为了求救与生存，要把3个岛上的队员都集中到珍珠岛上。

项目道具：

60厘米×60厘米×25厘米的木质方箱12个，木板2块（木板横向叠放在盲人岛上），塑料桶1个，网球5～10个，任务书1套，A4纸2张，生鸡蛋2个，筷子2双，透明胶带

1卷，笔1支，眼罩 N/3+1 个（N 为参训人数）。

项目操作步骤：

（1）所有队员随机分成3组，可以灵活调整，合作完成一项任务。

（2）先给一组队员戴上眼罩，带至盲人岛，将盲人岛任务书悄悄塞到一名队员手里，并且将网球分给不同队员。

（3）将另一组队员带至哑人岛，告诉他们"从现在开始你们就成了哑人，任何人不许从嘴里发出声音（包括内部交流），如果违反规定，将被'惩罚'或取消资格"，然后将任务书交给哑人岛上的一名队员。

（4）将最后一组队员带到珍珠岛，将珍珠岛任务书、鸡蛋、笔、白纸、筷子与胶带发给珍珠岛上远离其他岛方向的学员。

（5）宣布项目开始，限时40分钟。

项目安全：

（1）重点注意监控盲人岛上的队员，在等待救援时，及时提醒他们注意自己在岛上的位置，不要掉下去。

（2）在木板搭好后盲人向其他岛移动的过程中要严密监控，以防其掉下木板，拓展教师应跟随其一起移动，张开手臂做出保护的姿势，但与队员身体保持适当的距离。

（3）一个岛上集中人数较多时，尽量将盲人安置在岛的中间部分。

（4）提醒盲人在摘眼罩时要先闭眼再摘掉，再慢慢睁开眼睛。

（5）哑人岛队员运用杠杆原理搭板时，提醒他们不要压伤手指，同时注意监控不要压伤队员的脚，木板搭好后防止其呈跷跷板状态。

（6）大多数人集中至一个岛上时提醒他们相互保护。

孤岛求生任务书：

●盲人岛

任务：

（1）将网球投入桶中。

（2）将所有人集中到珍珠岛。

规则：

（1）为了安全你们不得踏入激流。

（2）在整个过程中你们不得摘去眼罩。

（3）不得移动木板。

周边地形：

你们现在处在盲人岛上，周边是溪流，溪流湍急并布满漩涡，任何欲通过溪流离开孤岛的企图都是徒劳的，只要触及溪流，即会被冲回孤岛，在溪流远处的岩石上固定着一个桶。

●哑人岛

任务：

（1）帮助盲人岛上的队员。

（2）将所有人集中到珍珠岛。

规则：

（1）任何人员、物品触及溪流，将被迅速冲至盲人岛。

（2）在盲人岛上的队员们完成第一项任务前，不得使用木板。

（3）在完成任务前，你们不得从嘴里发出任何声音。

（4）只有盲人岛上的队员可以触球。

（5）你们是唯一可以移动木板的人。

周边地形：

你们处在哑人岛上，周边是湍急的水流，任何从岛上坠落的物品，都将被激流冲至盲人岛。

●珍珠岛

任务：

（1）设计外包装：使用岛上资源（两张纸、两双筷子、一卷小胶带）为两个鸡蛋设计外包装。要求：站在岛上，使包装好的鸡蛋从2米左右的高空自由下落，鸡蛋不碎。

（2）将所有人集中到珍珠岛上。

规则：

（1）岛不能移动。

（2）岛的边界不能改变。

（3）所有人员、物品不得触及溪流，否则将被立即冲至盲人岛。可以运用一些物理原理，但是，如果不能准确运用这些原理，将会导致危险的后果。

周边地形：

你们现处在珍珠岛上，周围是湍急的溪流，任何从岛上坠落的物品将被激流冲至盲人岛上。

讨论问题示例：

（1）让队员谈谈自身对所处环境的感受。

（2）队员们从中感受到了什么？

（3）队员们对团队的共同目标能否认同并执行？

项目8：盲人足球

项目简介：

这个项目能够使小组成员建立相互信任，促进沟通与交流，培养团队合作精神。所需时间为30～45分钟，参加人数越多，所需的时间越长。

项目道具：

2个足球（要用充气量不足的足球，这样，每踢一下球不会滚得太远）；1个哨子；2种颜色的蒙眼布；1块比较大的游戏场地。

项目操作步骤：

（1）留出2～3个人做监护员。监护员的任务是负责安全问题，同时兼任边裁。把其他队员带到场地中间，把他们分成 2 个人数相同的小组。注意，要求每个小组的总人数为偶数。

（2）每个队员在自己的小组内找一个搭档。

（3）根据蒙眼布的颜色给两个小组命名。如果配备的是黄色和绿色的蒙眼布，那么把一个队称为黄队，另一个队称为绿队。把黄色的蒙眼布发给黄队，绿色的蒙眼布发给绿队。确保每对搭档拿到一块蒙眼布。每对搭档中只有一个人戴蒙眼布，另一个人不戴。

（4）告诉大家："我们即将进行一场别开生面的足球赛。每对搭档中，只有被蒙上眼睛的队员才可以踢球，他的搭档负责告诉他向什么方向走、做什么。"

（5）详细解释游戏规则。要求那些被蒙上了眼睛的队员保持类似于汽车保险杠的姿势——弯曲双肘，手掌向外，手的高度与脸齐平。在发生意外碰撞时，这种姿势有助于避免或减轻对身体上半部的伤害。负责指挥的队员不允许碰自己的同伴，只能通过语言表达指令。这场球赛中没有守门员，每个队踢进对方球门一个球得一分。教师是这场比赛的裁判。任何一队进球后，都要把球拿回场地中间，重新开始比赛。不允许把球踢向空中，在任何时候，球都是在地面上滚动。如果某个队员踢了高球，裁判会暂停比赛，并把该队员罚下场一段时间。如果球被踢出界了，裁判负责将球滚回场地。比赛一共进行 10 分钟，中间休息，交换场地。

（6）宣布完游戏规则之后，让两个小组用投掷硬币的方法选择场地。场地定好后，把两个球放在场地中间，然后吹哨，开始游戏。用两个球意味着比赛中每个队一个球，各自为多得分而奋斗。

项目安全：

（1）确保那些被蒙上了眼睛的队员保持类似于汽车保险杠的姿势。

（2）不允许把球踢向空中，因为这非常容易使队员们受伤。

项目变通：

（1）在中场休息的时候，可以让搭档交换角色，即蒙上负责指挥的那个队员的眼睛，让原来被蒙着眼睛的队员指挥。

（2）在参加人数较多的情况下，可以考虑用 3～4 个球。

讨论问题示例：

（1）哪个队取得了最终的胜利？

（2）哪些因素有助于最终取得胜利？

（3）被蒙上眼睛的队员感受如何？

（4）指令的清晰度如何？哪些方面还有待改进？

（5）这个游戏对我们的实际工作有何启发？

项目 9：盲人摸号

项目简介：

所有队员不能发出文字语言的符号。每名队员找到自己的团队，并将相应的号码按从大到小的顺序排列出来，此过程也不能发出文字语言的符号。所有队员不能通过视觉来观察外部活动的进展情况。项目完成后，共同发出一种信号给培训导师作为提示。项目必须在规定的时间内完成。在沟通不畅的情况下，考验团队的默契程度和协调能力，每一位队员是否能够站好自己的位置，将是任务能否成功完成的关键。该项目时间大约30分钟；人数为10~20人。图5-4为盲人摸号图示。

图5-4　盲人摸号

项目道具：

眼罩；数字纸条（按学员人数准备）；计时器若干或者手表计时也可。

项目操作步骤：

（1）通知队员着运动装，佩戴队员牌，带一张白纸和一支笔。

（2）讲师、助教提前布置场地（将桌椅随意摆放，清理四周危险物品）。

（3）队员集合，以班级和小组列队。

（4）就活动规则中不明白的地方给队员5分钟提问时间。

（5）各小组研讨制定本小组的策略和目标，确定会合的地点，确认身份的动作等，时间10分钟。

（6）队员集合列队，将随身携带的尖锐物品交给讲师。

（7）讲师宣布活动开始，队员保持安静；将各组队员的双眼蒙上，并检查是否到位，过程中助教也保持安静，完成后举手示意讲师。

（8）将各位队员随意领至室内的任何位置，将提前准备好的数字告知队员，并询问其是否记住。过程中尽量小声，避免被其他队员听到。

（9）讲师以哨音宣布开始，全程保持安静。

（10）讲师以哨音宣布结束，确认并汇总结果。

（11）小组分享感受、讨论收获，并指定专人记录；队员分享（讲师注意兼顾全局）；讲师总结（肯定优秀组，表扬表现突出的个人和团队。内容包括活动前队员对规则的聆听、把握，目标和策略的制定，应急方案的准备，活动中队员相互的鼓励，活动策略的调整、坚持，突发事件的处理）。重点放在团队的管理、运作、调整、服从上。

项目安全：

在戴眼罩的情况下，队员很难保持平衡，要密切关注每一个人，保证他们不会摔倒。

项目变通：

在游戏过程中去做扰乱动作（如拉动队员、给出错误的信息等）会使整个活动更有难度。

讨论问题示例：

（1）你用什么方法来通知小组你的位置和号数？

（2）沟通中都遇到了什么问题？你是怎样解决这些问题的？

（3）你觉得还有什么更好的方法？

项目 10：盲人方阵

项目简介：

这个项目要求所有的人都蒙上眼睛，只能通过声音的沟通，将一条绳子围成最大的正方形。项目操作非常简单，但也并非如想象那般容易。在实施过程中经过长时间的磨合后会讨论出解决问题的方法，最终由一名队员来负责整个项目的实施。项目时间大概30分钟；人数不限。

项目道具：

（每个小组）一根长绳，每个人一个眼罩。

项目操作步骤：

（1）先让大家手拉手围成一个圆圈，然后手放下。

（2）给队员发放眼罩，介绍眼罩的戴法，要求每个人都要戴上眼罩。

（3）当大家戴好眼罩后，要求队员手拉手顺时针、逆时针各转3圈，然后自己再左右转3圈。

（4）向大家布置任务。

（5）布置任务之后，教师把绳子两端分别给两名队员，但不要说给谁了。

项目规则：

（1）在规定时间内，所有人用长绳围成一个尽可能大的正方形。

（2）所有队员都被蒙上眼睛。

项目安全：

检查地面有无石子或妨碍行动的障碍物，防止队员绊倒。

讨论问题示例：

（1）你们在游戏过程中遇到了什么问题？

（2）哪些因素有助于成功完成游戏？

项目11：三个进球

项目简介：

这个游戏说明了指令明确在协同工作中的作用，同时也考验发出指令者和听从指令者之间的沟通是否顺畅。游戏所需时间5～10分钟，人数不限。

项目道具：

每个小组需准备1个大垃圾桶（用来接球）和40个网球（放在袋子或盒子里）。

项目操作步骤：

（1）邀请一个志愿者，让他和教师一起站在前面。

（2）让志愿者面对某一个方向站好，目视前方，不可以左顾右盼，更不能回头，然后，把装有40个网球的袋子交给他。

（3）把垃圾桶放在志愿者的身后，垃圾桶与志愿者间的距离约为10米。注意不要把垃圾桶放在志愿者的正后方，要让它向旁边偏一些。

（4）告诉志愿者他的任务是向身后的垃圾桶里扔球，要至少扔进3个球才算成功。志愿者不许回头看自己的球进了没有、落在了哪里。

（5）让其他队员指挥志愿者，告诉他如何调整投掷的力量和方向才能进球。这里只允许通过语言传达指令。

（6）等志愿者扔进3个球后（这可能会颇费周折）问他"是什么帮助你实现了目标"，问其他队员是否也觉得很有成就感。

（7）引导队员就如何在工作中加强沟通展开讨论。

项目安全：

注意不要被乱飞的网球砸到。

项目变通：

可以蒙上志愿者的眼睛，而且不让他正好背对着垃圾桶。这样的话，其他队员必须先指挥志愿者调整方向，直到他基本上背对着垃圾桶，然后志愿者才能开始投球。这种做法可以提升游戏的难度和趣味性。

讨论问题示例：

（1）哪些因素帮助你实现了目标？

（2）哪些因素加大了实现目标的难度？

（3）负责指挥的队员是否感觉好像自己进了球一样？

（4）如何才能更快、更好地实现目标？

（5）这个游戏揭示了什么道理？

项目12：千足虫

项目简介：

此项目要求队员像千足虫一样行走，用时最少者获胜。目的是训练队员的沟通能力，让整个团体能统一行动，实现真正意义上的协作和配合。时间为5～10分钟，人数

6～10人最佳。

项目道具：

无。

项目操作步骤：

（1）以6～10人为单位分成若干小组。

（2）大家排成一条直线，面朝一个方向坐在地上。

（3）所有队员将双脚搭在前方队员的双肩上，手着地。

（4）在脚不离开前面队友肩膀的前提下，每个小组向前移动N米的距离（具体距离由带队教练决定）。

（5）在相同距离下用时最少者获胜。

项目安全：

（1）选择平滑干净的地面。

（2）脚搭在前方队员肩膀上时注意保持脚与脸的距离，以防打到前方队友的脸。

（3）注意：这个项目很难保持平衡，要时刻关注队员行进过程中的状态，提醒大家注意安全问题。

项目变通：

在这个过程中也可以设置各种各样的障碍，如不允许说话、不允许指挥等，根据实际情况调整。规则根据要求灵活调整。

讨论问题示例：

（1）在这个项目中你觉得最难的部分是哪里？

（2）如何保持平衡？

（3）你认为团队要做到协调一致需要哪些条件？

项目13：指点迷津

项目简介：

此项目能够增强人际沟通，建立队员之间的信任并发挥队员的领导力；在空场地或礼堂都可以进行。时间30分钟，2个人一组。

项目道具：

眼罩每人一个、障碍物（如椅子，亦可利用场地的特征如梯级）。

项目操作步骤：

（1）其中一位队员戴上眼罩。

（2）被蒙眼者于指定时间内（10分钟）依照队友发出的指示完成指定任务。

（3）角色调换，重复游戏。

项目规则：

（1）于限定的时间内完成任务。

（2）游戏期间发出指示的队员不可触碰被蒙眼者的身体。

项目安全：

应注意被蒙眼者的安全。

项目变通：

为了增加难度，可以多个人一组，一个人指挥，其他人行走。

讨论问题示例：

（1）被蒙眼者的感受如何？

（2）被蒙眼者对队友的信任度如何？

（3）发出指示者如何增强队友对自己的信心？

项目14：盲人作业

项目简介：

此项目意在体验群策群力的成效，培养领导者的组织能力并增强队员之间的沟通。其适宜在没有障碍的空地上进行。时间为60分钟，人数以8～12人一组为宜。

项目道具：

长绳1条（100尺长）、眼罩每人1个。

项目操作步骤：

（1）由队员挑选队长1名。

（2）其余队员戴上眼罩。

（3）教练向队长讲解任务：全组（包括队长）于限定时间内（30分钟）蒙着眼用长绳组成一个指定的图案。

（4）把长绳交给队长并带领他回到小组中。

（5）队长再以口述形式带领全组完成任务。

项目规则：

（1）于限定的时间内完成任务。

（2）队长不可触碰其他队员。

（3）必须用尽长绳来组成图案。

项目安全：

（1）注意被蒙眼者的安全。

（2）确保地面没有任何障碍物。

讨论问题示例：

（1）队员对突发事件的应变能力如何？

（2）是否有队员自荐担当领导者的角色？

（3）此项目中的沟通有哪些技巧？

项目15：机械人

项目简介：

此项目意在体验策划之成效和非语言传递信息的技巧，以启发创意。活动时间为

60 分钟，人数为 10 ~ 12 人（宜多组以比赛形式同时进行）。

项目道具：

眼罩：每组 1 个；椅子：每组 1 把；供提取的物件若干。

项目操作步骤：

（1）用粉笔在地上画两条相距 10 ~ 13 米的平行直线，其中一边放 1 把椅子（如有 4 组参加便放 4 把）。

（2）每组选出 1 人来扮演机械人的角色。

（3）教练指示每组自行商议 10 个不同的发声信号（如拍一下手代表前进，拍两下手代表向左转等）。

（4）机械人先坐在椅子上，并戴上眼罩。

（5）教练向每组展示将要提取的物件，然后放在活动范围内的某一处（教练亦可摆放其他障碍物来增加难度）。

（6）在限定时间内（30 分钟），机械人按照队友发出的信号提取该指定物件再返回原位。

项目规则：

（1）于限定时间内完成任务。

（2）信号只可以是简单的声音（拍手声或模仿动物的叫声等）。

（3）信号不能直接用文字代替（即 F 代表前进，B 代表后退等）。

（4）队员只能以商议好的 10 个信号发出指示。

（5）机械人戴上眼罩后便不可出声。

项目安全：

（1）注意被蒙眼者（机械人）的安全，如以绳作为障碍物，应该选择有弹性的，以免机械人被绊倒。

（2）要提取的物件不宜过重。

讨论问题示例：

（1）队员间的默契程度如何？

（2）如何应付外界的影响（如每组同时发出信号时所产生的误会）？

项目 16：传递呼啦圈

项目简介：

这是一个随时可玩、引人发笑的游戏，也可以作为一个竞技项目在各团队间开展，目的在于培养整体观念。项目时间为 50 ~ 60 分钟，人数 15 ~ 20 人。

项目道具：

每个小组两个大呼啦圈（尽可能用直径最大的）、1 个秒表、1 个哨子。

项目操作步骤：

（1）把队员们分成若干个由 15 ~ 20 个人组成的小组。

（2）让每个小组都手拉手、面向圆心围成一圈。

（3）等每个小组都围成圆圈、拉好手之后，任选一个小组，让其中两个队员松开拉在一起的手，把两个呼啦圈套在其中一个队员的胳膊上，让这两个队员重新拉起手。对其他小组做同样处理。

（4）让各个小组沿相反方向传递两个呼啦圈。为了把呼啦圈传过去，每个队员都需要从呼啦圈中钻过去。两个呼啦圈重新回到起点后，本轮游戏结束。

（5）吹哨后游戏开始，同时用秒表计时。

（6）第一轮游戏结束后，祝贺大家成功完成任务，并通报各小组完成任务所用的时间。重新开始一轮游戏，并告诉队员们这次要更快一些。反复进行4~5次呼啦圈传递，确保队员们知道他们需要一次比一次快。

项目安全：

如果有队员身体的柔韧性较差，不适合参加这个游戏，那么可以让他们来计时或是充当监护员。如果在游戏中使用了监护员，要让监护员尽量跟着呼啦圈移动，这样当转圈的人不小心被绊倒时，他们可以及时保护和搀扶。

项目变通：

（1）在每轮游戏开始前，给每个小组1分钟的计划时间。

（2）让每个小组在开始新一轮游戏之前，事先确定本轮游戏的目标时间。

讨论问题示例：

（1）你们在游戏过程中遇到了什么问题？

（2）游戏过程中有无领导者或教练员产生？

（3）哪些因素有助于成功完成游戏？

（4）哪些因素使完成任务变得更加困难？

项目17：带球赛跑

项目简介：

这是一个让人热血沸腾的游戏，它使小组充满活力，显示合作的力量，也可以作为一个团队竞争项目。项目时间大约40分钟，人数不限。

项目道具：

每对参赛者1个气球，加上备用气球若干；两根绳子（用来标记赛跑的起点和终点）。

项目操作步骤：

（1）选一块宽阔平整的比赛场地。

（2）让每个队员找1个搭档。

（3）给每对搭档发1个气球。

（4）让每对搭档把自己的气球吹起来，缚住气嘴。

（5）用两根绳子分别在赛场上标记出赛跑的起点和终点。起点和终点之间的距离至少为20米，越远越好。但是也不要走极端，如果赛程1 000米的话，可能就太远了。

（6）让所有参赛搭档站到起跑线之后。

（7）告诉参赛队员们马上开始一场带球跑比赛，赛程是从起点跑到终点，再从终点跑回起点。第一个回到起点的小组获胜。

（8）带球的规则是：要自始至终保持气球完好无损，在赛跑的过程中不允许用手或胳膊拿气球，需两人共同带球（不允许把球夹在一个人的腿上），赛跑的过程中气球不能掉到地上。如果哪个小组犯规，该小组必须回到起点，重新开始。

（9）让各小组就位，大喊一声：各就各位，跑！

（10）可以准备奖品或奖杯，在比赛结束后为冠军颁奖。

项目安全：

（1）留心每一位参赛者，有些人可能会全神贯注地照看气球而彻底忽视自身的安全。

（2）要确保跑道上没有障碍物，以免绊倒参赛者。

项目变通：

（1）以3个人一组带球。

（2）比赛开始前，给每个小组一定的计划时间（如2分钟）。

讨论问题示例：

（1）每对搭档都遇到了什么问题？

（2）赛跑前多花一点时间计划是否有助于获胜？

（3）重新再跑一次的话，成绩会不会有所提高？

项目18：袋鼠赛跑

项目简介：

这是任何团队都能开展的有趣游戏，目的在于活跃团队气氛、促进团队成员合作。它也可作为竞赛项目。项目时间大约30分钟，人数不限。

项目道具：

给每两个队员至少准备一个气球、两根绳子（标明起始线和终点线）。

项目操作步骤：

（1）将两根绳子沿着运动场某一边缘，平行放置，相距10米远。

（2）让大家互相结对儿。

（3）给每对搭档发一个气球。

（4）让其中拿着气球的队员站在一条线上，他们的搭档站在运动场边缘的另一条线上。

（5）让带球的队员把气球放在两腿的膝盖之间，夹好之后手不能再碰气球。

（6）告诉带球的队员，听到信号后，像袋鼠一样跳跃通过运动场（保证气球夹在两腿的膝盖之间），到达运动场对面的终点线时，将气球传递给搭档——仍旧要求不能用手碰气球。交换气球后，搭档夹着气球跳回起始线。

（7）最先跳回起始线的那对搭档获胜，在此过程中要求气球始终夹在两腿的膝盖之间。

项目安全：

密切注视每一位队员，保证他们不要摔倒和犯规。如果有一人犯规，整个团队都算失败。

项目变通：

比赛结束后，给大家1～2分钟的设计时间，然后再重复一次游戏。允许搭档们商量谁第一个带球跳跃，以及讨论怎样才能提高速度。记下所有搭档所耗的时间。

讨论问题示例：

（1）是哪组最先返回起始线的？

（2）什么因素加大了游戏难度？

（3）什么因素可使游戏更为简单？

项目19：机遇与挑战并存

项目简介：

这是一个非常轻松的游戏，能够让队员尽快进入状态，活动起来，从而获得一些乐趣。项目时间大约20分钟；人数在20人左右。

项目道具：

无。

项目操作步骤：

（1）所有队员围成一个大的圆圈。

（2）每个队员向身体两侧自然伸开双臂，右手握拳，只伸出食指，指向右边，左手手掌展向左边。

（3）每个队员右手的食指都抵到其右边学员左手的掌心上，而他左边的队员同样伸出右手食指，抵向他的左手掌心。依此类推。

（4）教练宣布：现在我要讲一个故事，当这个故事中出现"水"字时（也可以是其他字），你们所有人都要用左手尽量去抓相邻的左边的人的食指，同时尽量让自己的食指不要被别人抓住。

项目安全：

注意队员的指甲不要太长，否则容易碰伤其他队员。

项目变通：

可以选择戴眼罩进行比赛。

讨论问题示例：

可应用于沟通课程中，讨论聆听、注意力与反应的关系。

项目20：长生鸟

项目简介：

如果你曾试图搞懂一个电话盒子究竟能装下多少人，就会发现这个游戏多么有趣——这是一个富有挑战性的游戏。这个游戏让每个队员都能参与到解决问题的过程中来，让队员们能够自然地进行身体接触和配合，消除害羞和扭怩感。项目时间大约30分钟，人数在20人左右。

项目道具：

（1）一棵枝杈粗壮的大树（用来悬挂绳子）。

（2）一条结实的长绳（能拉起最重的队员）。

（3）一根长木杆或绳子（代表起点）、一个准备好的平台。

在一块厚20毫米、60厘米见方的胶合木板下钉4个木桩作为平台的腿儿，两条腿儿之间用横木条加固，这样一个平台就做好了。这个平台应能承受12～16个人的重量。如果参加人数较多，可以适当增大平台面积（但不能太大）。

项目准备：

（1）悬挂一条摆绳，使队员能从树下摆动到平台上。选一个结实的树杈，把绳子牢牢系在上面，绳子要足够长，能从起始线把队员摆到平台上。

（2）计算好绳子的摆动区域（即队员摆动时划过的最安全的弧线区域），在绳子摆动区一侧的地上放置一根长木杆或绳子，代表起始线。如果用绳子代表起始线，最好在地上立两个标桩，把绳子两端分别系在标桩上，并拉紧。

（3）把平台放在距起始线4米的地方，固定好位置，因为队员们要从起始线一端摆到平台上。

项目操作步骤：

（1）告诉周围的队员有10分钟准备时间。之后，他们将创造一个前所未有的新纪录，看这个平台究竟能站多少人。要求任何人不能踩地，平台上的其他人也不能伸胳膊迎接或以任何形式协助队员站到平台上。为安全起见，队员们不能在平台上叠罗汉，只能通过绳子摆到平台上。任何人如果在摆动时不慎踩地，必须回到起点重新开始。

（2）经过10分钟的准备，让队员们说出自己计划创下的纪录，然后鼓励他们尽量完成比赛。

项目安全：

平台的边缘要光滑而不能棱角分明，台面上也不能冒出钉子，以防划伤队员。不允许队员们叠罗汉；否则，最下面的队员将最终承受上面所有人的体重，巨大的重量会压得他（们）喘不过气来。

项目变通：

（1）蒙住几个队员的眼睛，游戏会很有意思；蒙上团队中具有领导才能的队员的眼睛，游戏效果更佳。

（2）把平台固定在其他位置，让队员们不能从起点沿直线摆动到平台上。

讨论问题示例：

（1）你们在游戏过程中遇到了什么问题？每个人的任务都是什么？

（2）你们是如何分工的？你们每个人都参与其中了吗？

（3）游戏中队员们是如何协同合作的？

5.3 高空项目

项目1：高空断桥

项目简介：

这是一个个人挑战项目，要求每位队员都要在有安全保护措施的情况下，沿着扶梯爬上断桥，从断桥的一侧跳到另一侧然后再跳回，并回到地面上。该项目旨在提高队员的灵活性，增强队员的生存能力和适应能力，从而提升队员的综合素质，使其能适应变化并发挥主观能动性；提高队员的认知与判断能力，使其实现自我突破、自我超越，并激发其潜能。项目时间大约60分钟；人数不限。高空断桥项目如图5-5所示。

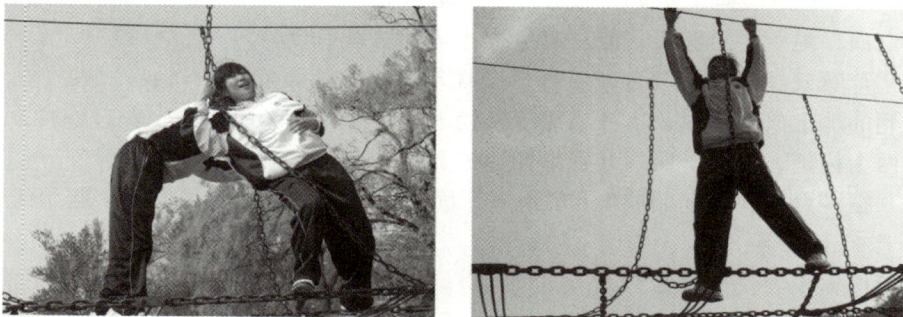

图5-5　高空断桥

项目道具：

在距离地面8米的高空搭起一座独木桥，但这个桥的中间是断开的，间距1.2～1.4米；安全带和保护绳。

项目操作步骤：

（1）布置任务。

（2）在断桥上跳跃不允许助跑，不允许双脚起跳；要单脚起跳、单脚落地；跳时脚前部略探出板沿。建议：可单手拽着保护绳，不要双手紧抓不放。

（3）培训师示范，带领学员原地练习桥上的跳跃，一字排开，逐个练习。

（4）介绍头盔、安全带、上升器的使用方法以及基本性能、注意事项。

（5）每名队员上去前，全体队员给他（她）加油鼓励。

（6）三重检查原则：安全装备（安全带、头盔、上升器）要队员自查、安全员复查、培训师检查。对于较胖的队员，培训师要为其穿全身式安全带或大号半身安全带加扁带。

（7）所有队员从一开始就将身上的硬物、易坠物品等拿掉。

项目安全：

（1）事先了解队员病史，特别关注高血压和心脏病史，不能强求每个队员都参与该项目。

（2）培训师在断桥上必须时刻关注下面队员的情况，包括安全用具的穿戴、上升器的位置，并提醒其他队员不要站在断桥的正下方，不要擅自攀爬器械。

（3）队员来到桥上后，先让他站在相对安全的位置，挂好铁锁，由培训师亲自复查队员安全带、头盔的松紧情况。

（4）培训师在帮助队员时，如需换位，不得互换铁锁。

（5）从队员上来开始直至队员下至地面，培训师要全程监控队员的安全。

（6）培训师要注意调节气氛，适时给队员以鼓励。

（7）在换保护绳时，严禁队员在高空中出现真空现象。

（8）随时根据队员的身体情况调整断桥的跨度。

培训目标和回顾要点：

（1）考验队员的勇气，克服并战胜恐惧心理，练就一颗平常心，面对的是断桥一小步、人生一大步。

（2）打破心理舒适区的生理反应以及遇到危机的退缩趋势，突破自我心理舒适区，跳跃成功。

（3）团队激励的作用。

项目 2：空中单杠

项目简介：

这是一个个人挑战项目，能使参与其中的队员意识到恐惧是自己最大的敌人，从而克服恐惧，培养自信；果断出击，战胜困难，用平静的心态去面对人生的挑战，成功才属于你；机会就在眼前，要突破自我，敢于抓住机会，培养积极的人生观；一定的冒险对成功具有重大意义；养成积极的思维模式，敞开心胸，放得开才能有效发挥自身的潜力。高空单杠以个人为单位进行活动，旨在突破个人心理障碍，提高个人的心理承受能力，增强个人的自信心和勇气。项目时间不限、人数不限。

项目任务：

每位队员利用上升器爬到距地面 8 米高的一块直径 80 厘米的圆盘上，直立站好，双手张开，双腿起跳，抓到上方的单杠，最后利用上升器安全回到地面。

项目道具：

抓杠架子（高 10 米）、圆盘（高 8 米）、单杠（距离男学员 1.6 米、女学员 1.4 米）、动力绳、安全带、锁扣等。

项目操作步骤：

(1) 介绍项目名称和性质。

(2) 介绍安全装备的穿戴和注意事项（边示范边讲解）。安全带：腰带在胯骨以上，反扣（如有）；头盔：头圈调好，带子系紧，女生长发盘入内。

(3) 讲解在单杠上的动作要领，要点包括：眼睛往前看，不要往下看，深呼吸调整；起跳时双腿伸出圆盘面 2～3 厘米，略成弓步，摆动腿蹬直，大声地喊"一、二、三"，大胆向上跳。指派除队长外的一名安全员，强调他和队长的职责，再让他们重述安全要点；询问队员的病史（若在做准备工作时已问过，可不必重复）；向每位队员交代上来前应得到大家的鼓励。

（4）关注队员的上升过程，脚下踩稳，一步步地来。队员快到圆盘时，帮助队员腾出双手攀上圆盘。对队员进行技术指导和心理辅导（胆小——激励，犹豫——引导，恐慌——安慰）；对学员下来的过程同样给予关注，当其安全到达地面上时，号召大家给予掌声。若时间允许，完成项目时，在场地喊队训、唱队歌。

项目安全：

（1）保护衣、头盔穿戴一定要正确。

（2）单杠距离要视学员身体条件进行调整。

（3）下面进行保护的队员一定要注意力集中。

（4）学员下降时，要注意身体与圆盘立杆不要相互碰撞。

项目分享内容：

（1）突破个人心理障碍，最大的敌人是自己，不要抱怨外界的不利条件。

（2）对陌生事物的接触对每个队员来说都是一次宝贵的成长机会。

（3）如果由于自己恐惧而不敢做，那么今生永远不敢做。

（4）一旦突破了心理障碍，即使失败，下次也敢做，而且一次会比一次好。

（5）虽然是自己的事，但作为团队的一员，要为团队付出，要有一种责任感。

（6）心中的恐惧远远大于实际的困难，有些东西（单杠）看似很远，认为抓不到，跳出去才知道自己有这个能力。

项目3：垂直天梯

项目简介：

在距地面8米的高空中有一段长6米的软梯，要在不借助外力的情况下走完这段艰难的路。这是一个两人共同挑战和团队配合相结合的项目，具有一定的难度和心理冲击力，相对需要消耗较大的体力。想要获得成功就要相互帮助，既要有甘为人梯的精神，也要"吃水不忘挖井人"。项目时间根据参加的人数而定。

项目道具：

相距1.5米的巨型梯子器械、安全带、保险绳。

项目操作步骤：

（1）检查场地器材，清楚尖、硬物品所在的位置；同时，要清楚这是一个很好的小团队协作挑战项目。最重要的是，学员按照教练的安排用心去做，安全完全有保证；让所有学员摘下随身硬物；询问学员的病史及身体状况，如近期是否动过手术、有无心脑血管疾病、是否习惯性脱臼等。

（2）安全设施的使用。讲解坐式安全带和胸式安全带的使用方法及不同点；介绍安全锁、八字环、头盔等安全设施的使用方法。

（3）学员穿戴好安全装备后，接受队友的鼓励，两人一组，向上攀登，两人共同到达第五根横木处抱住第六根横木即为完成任务。攀登过程中，可以利用的只有横木和两人的身体，不允许拽拉胸前的保护绳和两边的缆绳。保护者可适当收紧保护绳，但是不能提供拉力帮助队友完成任务。

（4）建议适当调整人员搭配，尽量不要把身体素质都很好或者都很差的分在一组。学员总体人数如果为单数，允许有 1 名学员攀爬两次。

（5）适当的时候给学员以鼓励和指导，如一个人踩在另一个人的大腿上先上去；上面的人抱住横木，十指交叉扣紧，两个人站在同一条垂直线上，下面的人可以抓上面的人的腰间安全带上去。

（6）对于非体能原因准备放弃的学员，给他们设定一个阶段性目标，如至少应该再往上爬一根；对于严重超时的学员，可实施心理辅导和施加必要的心理压力，以起到激励的作用。

（7）对违规行为及时制止，严格要求。注意烘托团队气氛，保持学员之间的相互激励和关注。拓展教练不得和学员一起攀爬，不允许学员一个人攀爬，学员下降时注意安全。

（8）保证学员 100% 安全。如有学员身体不适，应立即停止或者采取安全措施。注意观察学员的表现，积累便于回顾、点评的素材。

项目安全：

要保证学员 100% 安全。

项目分享要点：

（1）增强自我控制与决断能力，以适应不断变化的外部环境。

（2）克服心理压力，培养挑战困难的自信心与勇气。

（3）重新审视个人能力，不轻言失败，培养进取心。

项目 4：合力过桥

项目简介：

合力过桥是一个典型的个人挑战与团队合作相结合的项目。个人挑战的成功除了自身的努力外，团队的支持起着至关重要的作用。想要成功，最佳的方法就是融入团队，相信队友，目标一致，相互配合，不怕困难。合力过桥也经常作为拓展训练的第一个项目让队员投入其中，感受生活中的每一步都与许多默默支持自己的人分不开。该项目要求队员站在距地面 7 米的高处，踏上并越过一块块悬在空中的摇晃的木板，最后到达离出发点 8 米的对面。队友要帮助他顺利地走过每一块木板。

项目道具：

（1）队员：安全帽、半身式安全带 4 副。

（2）保护员：安全帽 1 个，安全带 1 条，铁锁 1 把，下降器 1 个，手套 1 副，50 米主绳 1 条。

项目规则：

所有队员都要摘掉身上的首饰及硬物，所有安全装置必须经拓展教练检查。

项目操作步骤：

（1）介绍项目性质，所有队员必须在 120 分钟之内完成挑战。

（2）介绍安全带的使用方法。

（3）注意吊板下保护绳的拉动方法，并且尝试以上方吊索为支点寻求平衡。

（4）安全要求讲解，包括摘除装、戴的硬物，活动中的注意事项以及影响心理安全的沟通方式。

（5）队员正确穿戴好安全装备，依次通过距地面8米高的不同形式的桥，其他队员用力拉住桥下面的绳子，让桥保持平衡，使学员有信心并轻松通过。

（6）通过之后从另一侧扶梯爬下，所有学员全部完成后，即宣告游戏结束。

项目安全：

（1）讲解、示范坐式安全带：腿带是保证舒适的，是辅助工具，腰带是保证安全的。商标朝外，穿好，腰上打反扣，松紧适度（吸气后能插进一只手）；腿上适中，不要太紧，感觉舒适即可。脱下时松开即可，不要把系扣的带解得过松，以免脱开。

（2）主锁上标注所能承受的最大冲坠力量纵向20千牛、横向7千牛、锁门6千牛，注意轻拿轻放，不能摔，不能磕碰；系在安全带腰前的环里，扣上以后拧紧，用手试一下，是否打不开了，然后扣回半扣，以免锁死（9.8牛=1千克，10千牛约等于1吨）。

（3）八字环，增大摩擦力，使速度减慢。

（4）登山绳（主绳）直径9～11毫米，能承受1吨重量冲坠2米。所有人员注意严禁踩踏主绳，避免造成内伤，形成安全隐患。

（5）安全帽：帽圈和系带都可以调节，要松紧适度，不要勒得太紧。戴在头上帽檐是平的，把头顶和前额保护好。女生的长发都要放在帽子里。

（6）注意保护所有的器材，不能踩踏、磕碰。

（7）队长安排一名安全员，帮助队员检查安全带、主锁有没有穿好、挂好。队长为队员安排完成项目的顺序，保证在限定时间内每个人都能完成。

培养目标：

（1）培养团队成员之间的相互信任感。

（2）增强队员克服困难和恐惧、挑战自我、激发潜能、勇往直前的勇气。

（3）培养团队意识和面对困难时团结的精神。

（4）培养队员换位思考的意识。

（5）用积极的心态去争取和获得机会。

回顾和理论提升：

（1）个人发言，进行适当表扬。

（2）个人挑战。

快速通过的队员——对队友的信任。

犹豫时间较长的队员——其他队友鼓励的作用；困难总是被自己夸大，要超越自己；责任感；换位思考。

（3）团队协作：决策与执行，全局与部分；团队资源的分配，团队角色；个人的责任感，主动工作的态度，及时补位。小团队工作：责任下放，环节流畅，工作流程；PDCA，及时修正计划，提高效率；时间管理。

（4）换位思考：在上面和下面的角度、感受。

（5）团队的力量帮助队员到达成功的彼岸，队员的努力促使团队完成困难的任务。

（6）其他，如制度的必要性。

5.4　水上项目

项目1：扎筏

项目概述：

（1）名称：扎筏。

（2）人数：队员人数10～15人。

（3）时间：120分钟。其中，活动指导时间：10分钟；集体活动时间：90分钟；回顾和总结时间：20分钟。

（4）培训场地、器材：

室外：足够大的自然水面或标准游泳池；自然水面要求堤岸质硬、平坦、开阔，便于观察和救护，气温20℃以上。器材包括：①大塑料圆桶6个（每个高约95厘米、直径约50厘米）；②长粗毛竹4根（每根长约4米、直径约10厘米）；③短细毛竹5根（每根长约2米、直径约6厘米）；④长绳（长约6米）6条；⑤短绳（长约2.5米）8条；⑥船桨6把；⑦救生衣每人一件。

项目培训目标：

（1）培养团队的决策能力。

（2）在实践中提高团队的学习能力。

（3）在特殊环境下增强团队的凝聚力。

（4）使队员理解工作绩效的产出标准（包括安全性、实用性和经济性）。

项目布置：

（1）项目名称：扎筏。

（2）项目性质：团队项目。

（3）任务：在规定的时间内使用提供的材料，合作扎成能容纳全体队员的竹筏，并划到目的地返回。

（4）项目规则：团队绩效考评依据是竹筏质量、完成时间等项指标。

安全布置：

（1）器材搬运过程中一定要轻拿轻放。

（2）器材使用后一定要清点；要检查救生衣的状况，特别要注意救生衣腰带是否牢固。

（3）每个队员都必须按规定穿好救生衣。

（4）扎筏成功后，一定要划回岸边，禁止在划筏过程中跳离筏子游泳；在筏子上不得嬉戏打闹。

项目 2：溯溪

项目简介：

夏日，于深山密林、峡谷清溪之中寻幽访胜，乘渡探瀑，便是魅力无穷的溯溪运动。所谓溯溪，是由峡谷溪流的下游向上游，克服地形上的各处障碍，穷水之源而登山之巅的一项探险活动。

在溯溪过程中，溯行者需借助一定的装备、具备一定的技术，去克服急流险滩、深潭飞瀑等诸多艰难险阻。其充满了挑战性。也正是由于地形复杂，不同地形需以不同的装备和方式行进，使得这项活动富于变化而魅力无穷。溯溪活动需要同伴之间的密切配合，去完成艰难的行进任务。对溯行者而言，既是一种考验，同时又能获得满足感，以及克服困难后的自信与成就感，它体现的是一种团队精神。在峡谷溪流中，到处都是意想不到的美景，与同行者享受远离尘世的宁静美丽，那份心情该如何描述呢？

溯溪图的判读与绘制：

溯溪图是根据峡谷溪流的地形特点而绘制的简单明了的溯行路线特征图，是溯行前必须准备的资料之一。有经验的溯行者会根据该图清楚地了解溯行时可能会遇到的各种地形特征，从而有目的地做好各项准备工作。判读溯溪图是溯溪的基本技能，绘制溯溪图则更能使溯溪组织之间多一份交流的宝贵资料。

溯溪图一般以 1∶50 000 地形图的比例绘制，这样的比例足以显示主要的地形特点，如岩石堆、瀑布、深潭等。标绘得过粗或过细都不适宜，过粗无法体现整体路线的特点，而过细则显得杂乱，没有特点。一般来说，地形图上不足 1 厘米的地形可省略。图上所描绘的主要地形有岩石堆、峭壁、瀑布、深潭以及地物标志、溪流的汇流和分流点等。

溯溪装备：

由于溯溪是登山的一种方式，所以登山装备必不可少。除此之外，还有一些溯溪专用物品，如溯溪鞋、护腿和防水衣物。

溯溪鞋是垂钓用的防滑鞋，鞋底摩擦力特别大，在湿滑的岩石上行走特别方便。这种溯溪鞋国内很难买到，但手工编织的草鞋也可用作防滑鞋。使用护腿可防止蚂蟥等的叮咬。

防水衣物的选择以轻便、透气性良好、易干燥的尼龙面料为宜。保暖衣物和露宿帐篷、炊具、食品等视日程的安排而有选择性地携带。装备的准备以轻便、负重不大为准则，帐篷可以携带外帐。另外，可自带渔具等，在露营时享受垂钓之乐。

由于溯溪总在水边或水中行进，所带的装备应妥善打包，物品最好用塑料袋包好以后再放入背包中，尽量使背包的体积最小。

溯溪技术：

溯溪除了要掌握基本的登山技能外，还要掌握攀登瀑布等技术，因此单就技术层面而言，溯溪比登山更为复杂，要求更高。溯溪的技术大致可分为：溯溪图的判读、登山技术，以及其他具有溯溪特点的技术，如岩石堆穿越、横移、涉水泳渡、瀑布攀登和爬行等。

攀登技术的基本要领为三点式，即在攀登时四肢中的三点固定，使身体保持平衡，另一点向上移动。

项目3：情侣桥/同心桥

项目介绍：

情侣桥/同心桥由两条长约50米的铁链组成，参训两组队员各站在一条铁链上，携手并进。两组队员要在思想、肢体、心理的多重配合协作下才能完成任务，如图5-6所示。

图5-6 情侣桥/同心桥

资料来源 广州笑翻天乐园. 情侣桥/同心桥〔EB/OL〕.〔2018-03-24〕. http：//www.xiaofantian.com/tuozhan/t/90.html.

项目目的：

我们日常的许多工作都没办法独立完成，需要他人的帮助，需要利用其他资源。获得他人帮助的前提是要有足够的信任，相信自己和相信他人同等重要。这个项目要求两个人配合好，相互扶持，以保持平衡，合作通过情侣桥。

5.5 野外项目

项目1：山野行军

项目简介：

这是锻炼队员意志力的团队活动，要求所有队员以整体为单位一起完成15～20千米的路程（选择车辆较少和有一定行进难度的路）。这项活动对团队成员的考验非常大，但收获也非常大。该项目的活动时间一般为6~8个小时，时间越长效果越好。山野行军场景如图5-7所示。

图5-7　山野行军场景

项目道具：

提前选好一条合适的行进道路。要求该路段有一定的行走难度，需要队员的通力合作，行进途中车辆一定不能太多，一定要注意安全。

项目要求：

该项目要求每个队员都必须走完全程，在整个行进过程中要保持高昂的精神状态，队员间要相互不断进行激励。

项目操作要点：

徒步行走的基本原理及要领：徒步行走不单是腿部运动，更是全身运动，要注意通过摆臂来平衡身体、调整步伐、控制节奏。最适宜的行走速度是走而不喘，脉搏尽量不要超过120次/分钟；肩沉背挺，用腹部深呼吸，全脚掌触地，从脚跟到脚尖位移；不论什么时候都要按自己的行走节奏去走，不要时快时慢、时跑时停，尽量保持匀速。

刚开始行走时，节奏可以放缓一点，让身体的每个部分都先预热，有个适应的过程，5~10分钟后再加快步伐。行走途中从安全角度出发，队员之间应该保持一个合理的距离，一般为2~3米。这样可以避免有人因各种原因暂停时，如系鞋带、脱衣服、喝水等，与前进的队员不会互相影响。一般情况下，暂停队员靠右边停留，前进队员从其左边走过；与迎面而来的其他队伍相遇时，也要按"我右他左"的方式礼貌相让。暂停人员与队伍的安全距离白天一般不能超过200米（时间不能超过10分钟），夜晚必须在20米以内（时间不能超过5分钟）。在行走的过程中，要养成良好的习惯，集中精力，不要边走边笑、打闹嬉戏，这样不但会分散其他队员的注意力，同时还会消耗自己的体能。

上坡时，行走重心应在脚掌前部，身体稍向前倾；下坡时，行走重心放在后脚掌，同时降低重心，身体稍微下沉。无论是上坡还是下坡，对于坡度较大的坡道，应走"之"字形，尽量避免直线上下，这是一种相对安全的走法。上下坡时，手部攀拉的石块、树枝、藤条，一定要先用手试拉，看看是否能够受力，然后再去做其他攀爬动作。经常有队员因为拉的是枯萎、腐烂的树枝、藤条而跌倒受伤，导致意外事故。

行走中的休息也要讲究方法，一般是长短结合、短多长少。一般途中短暂休息尽量控制在5分钟以内，并且不要卸掉背包等装备，以站着休息为主，调整呼吸。长时间休息以每60~90分钟1次为好，休息时间为15~20分钟。长时间休息时，应卸下背包等所有负重装备，先站着调整呼吸2~3分钟，然后再坐下，不要一停下来就坐下休息，这样会加重心脏负担；可以自己或者队员之间互相按摩腿部、腰部、肩部等，也可以躺下，抬高腿部，让充血的腿部血液尽量回流心脏。谨记：休息是主动的、积极的，而不仅仅是躺下休息那么简单。

项目注意事项：

注意队员在行进过程中的人身安全，要随时观察队员的身体情况，必要时可以让身体状态较差的队员乘车回到营地休息。

项目变通：

可以要求队员在行进过程中只带少量的食品和水，这样可以磨炼队员的意志力。

讨论问题示例：

（1）你是怎样坚持完成整个行进过程的？行进过程中你想过要放弃吗？

（2）一个人通过不断的努力可以完成看似不可能完成的任务。

项目2：定向越野

项目简介：

定向越野是定向运动的主要比赛项目之一。参赛者要依靠标有若干检查点和方向线的地图并借助指南针，自行选择行进路线，依次寻找各个检查点，用最短的时间完成比赛者为胜。

项目操作步骤：

在旷野、山丘的丛林或近郊公园等优美的自然环境中，事先隐藏好数个检查点，参赛者手持地图和指南针，采用徒步、奔跑等方式，迅速准确地逐个找出检查点，有机地将个人休闲、娱乐与团队熔炼、协作融为一体。

项目意义：

定向越野是一项集娱乐与培训于一体的户外活动，有助于提高队员的判断、决策能力，培养和锻炼队员的毅力、自信心。

项目3：露营

项目简介：

露营是指不依赖山屋、旅社等人工设备，而是用自己准备的道具，在山野中生活、过夜。往昔的露营活动，最常见于军队中。现在的露营活动一般是指在野外或大自然中，以停宿为中心的自由活动。它有很多种方式与方法，非千篇一律，大如军队的夜宿，小至一人的露营。这里是指以团队的形式在野外露营，使队员间相互了解，并增进队员之间的协作。

项目分类：

（1）当日露营。它是指不需要过夜，仅利用一天时间所举办的露营活动，多数为初次露营者之入门体验而举行。通常是早晨出发，傍晚归家，所以，目的地要选较近之处，勿在往返路途上花费过多的时间。

要尽量避免自炊，可带现成的点心，并要准确掌握活动时间。由于是当日往返，所以小孩与老人也可以参加，一起体验露营活动的乐趣。

推荐活动：动植物自然观察、爬山和散步、游戏和跳舞、采野菜、水中游戏、钓鱼、烤肉、烤地瓜等。

准备：服装以轻便为好，若是在森林里或高山上活动，则要多带1~2件衣服；携带小型帐篷，在休憩或午餐时可以使用，也可顺便营造露营的气氛；携带排球、羽毛球、跳绳等轻便的游戏器材。

（2）公园露营。它以邻近的公园及广场作为露营场地。在使用之前，要征得公园、广场管理者的许可，并应对上下水道的设备、炊事的火源使用、帐篷用地、厕所设施等先做一番深入的调查。

推荐活动：搭盖帐篷、野炊、揉制糕饼、义务清洁活动、营火晚会、风情舞晚会、星辰观察、社区活动、化妆晚会等。

准备：办好借用会场的手续，事先调查会场的设备；会用到日常生活中能用到的工具；为了做好善后工作，应借小铲子等用具，以备不时之需。

项目4：沿绳下降

项目简介：

沿绳下降，即绕绳下降，是从攀岩运动中派生出来的。绳索的一端固定在岩顶上，下降者借助专业装备（下降器）从岩壁上方下降到地面。下降者必须克服心理恐惧，在下降过程中能体会到地心引力带来的快感和成就感。

项目5：攀岩

项目简介：

攀岩是从登山活动中派生出来的一项活动，是利用人类原始的攀爬技能，辅以其他工具、设备做安全保护，攀爬由岩石所构成的峭壁、裂缝、海岩石以及大圆石和人工制造的岩壁的运动。

项目道具：

（1）个人装备：安全带、攀岩鞋、安全头盔、镁粉袋和适宜的服装。

（2）保护装备：登山绳、保护铁锁、上升器、下降器、快挂、绳套、岩石锥、岩石塞、机械塞等。

项目分类：

（1）抱石攀岩。基本上，它只需要一块巨石和一位攀登者，岩石高度可从 0.5 米到 10 米不等。后者的高度会令人恐惧，而且是不明智的选择，通常攀登高度不超过 6 米。抱石攀岩又可分为自由徒手（无绳）攀登（极具危险，绝不推荐），建筑物攀登和人工岩壁攀登等。

（2）运动攀登。它不同于早期附属于登山活动的技术攀登，而是用固定在岩壁上的岩钉作为保护点，危险性较低；通常只有一个绳距，很少需要自己放保护点，不以追求难度为主要目的。

（3）自然装备攀岩。这种攀岩一般需要一个领攀人和一个第二攀登人，领攀人带着很多装备，由第二攀登人用绳子保护着向上攀登，偶尔在岩缝中放保护装备（保护点）。当领攀人到达适当的高度，用更多的装备保护自己之后，保护第二攀登人爬到自己的高度。第二攀登人在攀爬时把所有的保护点都拆掉，以备以后再用。

（4）大岩壁攀登。这种攀登的目标是让很多攀岩者都能登上巨大的岩面，它允许使用任何合理的攀登方式，通常使用机械上升器（如鸠玛尔式上升器）来拉领攀人设置的绳索向上攀登。

项目意义：

攀岩的风险较大，需要的工具较多，属于个人挑战项目，有助于挖掘队员的潜力，激发队员自我挑战的精神，培养队员冷静、自信的性格。

项目目标：

该项目具有高挑战性，能够给参与者带来成就感；同时，能激励和强化参与者顽强的斗志、取胜的信念，并磨炼其意志，培养其沉着冷静的心理素质。

5.6　组合项目

项目 1：趣味跳绳

项目简介：

这是一个典型的团队活动项目，需要大家共同配合，看似简单，却蕴含着无穷的魅力。该项目可以作为一个团队竞赛项目。项目时间大约 40 分钟，人数不限。趣味跳绳项目如图 5-8 所示。

项目道具：

15～20 米的长绳一条，较为开阔、平整的场地一块，秒表一块。

项目操作步骤：

（1）选一块宽阔平整的比赛场地。

（2）选择两个队员摇绳。

（3）其余队员在绳的一侧站成一排，准备跳绳。

（4）队员之间要协调好个人的位置，以免跳的时候相互间出现碰撞。

图5-8　趣味跳绳

（5）摇绳的两个人各握住绳子的一端，其他人要一起跳，所有人都跳过算1次。

（6）如果采用比赛的形式，可以要求一个队伍连续跳过5次或者10次算成功，采用计时的方式决定胜负。

项目安全：

（1）提醒膝盖或脚部有伤者，视情况决定是否参与。

（2）场地宜选择户外草地进行，以免受伤。

（3）跳绳时应注意伙伴位置及彼此间的距离，以免踏伤伙伴或互相碰撞。

项目变通：

可考虑不同的跳绳方式，如每个学员依序进入。

讨论问题示例：

（1）当有人被绊倒时，其他人当时发出的第一个声音是什么？

（2）发出声音的人是在刻意指责别人吗？

（3）想一想自己是否会不经意地给别人带来压力？

（4）我们应该怎么做，才能避免之前的问题出现？

项目2：动力火车

项目简介：

这是一个集体协作项目，对团队成员的配合度要求较高。其目的在于使团队接受外来伙伴，使其尽快融入团队的文化当中。比赛结束后一定要进行经验分享，这一点十分重要。项目时间大约30分钟；人数不限。动力火车场景如图5-9所示。

图5-9　动力火车

项目道具：

两块木板（长4米、宽40厘米、厚4厘米，每间隔半米穿一条1.2米长的粗绳），上面有8根绳子。

项目操作步骤：

（1）分成两组，每组10人。踏板上只有8个人的位置，有2个人必须与其他人挤在一个位置上。

（2）比赛分3轮进行，每轮的要求都不一样，两次率先到达终点的小组为胜。

（3）每轮比赛前给5分钟的练习时间。

（4）第一轮要求10人朝同一方向。

（5）第二轮要求5人朝前、5人朝后（位置不限）。

（6）前两轮可以是只有一人喊口令，也可以是一起喊口令。

（7）第三轮要求5人朝前、5人朝后，但不能喊口令，只能默走。

（8）如果有队员掉下来，可以停下来上踏板再继续走。

项目安全：

密切注视每一个队员，保证他们不要倒地和犯规。如果有一人跳下来，其他队员一定要停下来，等他上去后再重新开始。注意不要受伤。

项目变通：

可以让部分队员戴上眼罩，增加比赛的难度。

活动讨论：

（1）让队员们体会团队中服从分配的必要性。

（2）培养领导者在团队出现紧急情况时尽快统一意志的能力。

项目3：飞越激流

项目简介：

这个游戏会使参加者思维活跃、热血沸腾。它重点培养团队的合作、沟通和计划能力。项目时间大约50分钟；人数不限。

项目道具：

（1）一棵枝权很高的大树（用来捆绳子）。

（2）一根粗绳子，至少要能承受一个人的重量（以最重的游戏者为准）。

（3）两根4～6米长的木条（10～20英尺），或准备2根绳子和4个木桩（用来标记河岸）。

（4）一桶水（代表液体炸药），另外准备一些水备用。

项目准备：

（1）选择高大粗壮的树权，在上面系上准备好的粗绳子。绳子的用处是帮助小组成员"渡河"。绳子要足够长，以保证游戏者能抓着绳子，从"河"的一边像荡秋千一样，飞到"河"的对岸。

（2）根据飞越的方向确定河的位置和宽度。在标记两岸的位置上，放上两根木条，或是用绳子拉出两根线。如果使用绳子标记（代表）河岸，最好先打出4个木桩，然后再拉绳子。

（3）给每个小组的桶里装水，水满到距桶沿2厘米或3厘米为止。

项目操作步骤：

（1）分好小组后，进行游戏开场白，开场白示例如下：

你们在野外勘探稀有金属和矿石，挖掘工作正在进行中。突然，正在开凿的岩洞出现部分坍塌。你所在的小组侥幸逃了出来，可是，还有很多成员被困在岩洞中，艰巨的营救工作落到了你们小组的肩上。营救的唯一希望是炸开落下的巨石。你们小组赶回营地，取了一桶液体炸药。现在你们需要快速返回到出事地点。不幸的是，一条满是鳄鱼的急流挡住了你们的去路。你们可以用绳子从河面荡过去，但是在飞越的过程中必须有人携带那桶液体炸药，而且一滴也不能洒。如果不小心弄洒了炸药，即便只有一点点，携带炸药的人也必须返回重新开始。如果有人在渡河的过程中不小心碰到了河水，这个人就会被鳄鱼吃掉。一旦发生这种情况，整个小组都必须返回到对岸重新开始。你们面临的第一个挑战是绳子悬在河的中央，必须想办法把它拉到岸边来。注意，任何人都不允许接触河水。

（2）等所有小组都做完游戏之后，引导队员就团队合作、克服困难等话题展开讨论。

项目安全：

通常情况下，不允许在悬挂的绳子上打结，如果队员坚持这样做或者队员年龄较小，可以考虑在绳子末端打一个结，距地面1米左右，这样他们就可以用两腿夹住绳结比较容易地荡过去。

项目变通：

（1）告诉队员岩洞中的氧气仅能维持一段时间，让他们必须在规定的时间内完成渡河任务。

（2）可以采用体育馆内的爬绳在室内开展此类游戏。

讨论问题示例：

（1）你们在游戏过程中遇到了什么问题？每个人的任务都是什么？

（2）哪些因素有助于成功完成任务？

（3）你们遇到了什么困难？是如何克服这些困难的？

（4）游戏过程中有无领导者产生？这个游戏揭示了什么道理？

项目 4：捆绑行动

项目简介：

这是一个放松性的游戏，鼓励队员们更好地相互了解，融入具有创新精神的团队中来，从队友身上学到东西，并让队员们能够自然地进行身体接触和配合，消除害羞和忸怩感。捆绑行动可以作为竞赛项目。项目时间大约 40 分钟；人数 10～20 人。

项目道具：

一根 30 米长的绳子（能够把整个小组捆 5 圈）；一条小路，约 100 米长，取决于障碍物设置的困难程度。

项目操作步骤：

（1）选定路线。事先把彩色飘带绑在树干或较低的树枝上，标出路线。如果团队能够沿路跨过一些障碍，如一棵倒下的大树，或者楼梯中的一段台阶，游戏将更有乐趣。

（2）所有人都站好，靠近，整个团队挤作一团。

（3）把绳子绕所有人捆 5 圈后扎紧，以不妨碍他们运动和呼吸为宜。

（4）整个团队沿着指定的小路前进。

（5）当整个团队沿着小路前进时，每个人都要展示自己独特的才能或讲述引以为豪的经历。告诉大家，当他们到达终点时，你将随意挑选队员由其转述别人讲过的话。这样他们就会更加注意去倾听。

项目安全：

密切注视每一位队员，保证他们不被绊倒。如果一人不慎摔倒，整个团队就有可能倒下，紧束的绳子有可能伤及他们。

项目变通：

（1）如果事先没有时间标出路线，可以口头告诉队员，或者由指导教师在前面带路，让团队跟上。

（2）如果确实想给团队一些挑战，可以蒙住他们的眼睛开展游戏，同时多安排几个监护员。

讨论问题示例：

（1）游戏结束后，你发现别人有什么才能而这些才能以前你并不知道？

（2）对于团队创新，你有何认识？

项目5：顶针传递

项目简介：

这是一个快速的竞争性游戏，它有助于培养团队的合作精神，使团队充满活力。项目时间大约30分钟，人数10～20人。

项目道具：

1包牙刷、1包顶针。

项目操作步骤：

（1）告诉队员们他们即将开始一场比赛。

（2）人数较多时，将队员分成若干由5～7人组成的小组。

（3）给每个队员发一把牙刷。

（4）给每个小组一个顶针。

（5）让每个小组站成一排（或一圈）。

（6）让每个队员把牙刷叼在嘴里，直至游戏结束。

（7）把顶针交给每个小组站在队首的队员，让他们把顶针套在牙刷上。

（8）每个小组要完成的任务是按顺序经由每个组员，把顶针由队首传到队尾。只允许用牙刷传递顶针，不允许用手碰顶针。如果有人不慎把顶针掉到了地上，只能用牙刷把顶针捡起来，而且不能把牙刷从嘴里拿出来。

（9）第一个把顶针传到队尾的小组获胜。

项目安全：

注意不要让牙刷弄伤了自己的嘴。

项目变通：

（1）按照实际的工作团队划分小组。

（2）重复玩3～4轮。每轮游戏开始之前，给每个小组2分钟时间讨论战术，并且记录传递时间，看各小组是不是一次比一次传得快。

讨论问题示例：

（1）哪个小组第一个把顶针传到了队尾？

（2）哪些因素有助于成功地完成游戏？

（3）你们在游戏过程中遇到了哪些困难？是如何克服困难的？

项目6：四足蜈蚣

项目简介：

你知道蜈蚣长什么样子吧，下面将要出场的是一只四腿蜈蚣，这是一种罕见的四足动物。该项目的目的是使各个小组发扬团队精神，协同工作，让队员们能够自然地进行身体接触和配合，消除害羞和忸怩感。项目时间大约20分钟，人数在20人左右。

项目道具：

两根长绳（作为游戏开始和结束的标识线）、一个口哨。

项目操作步骤：

（1）两根绳子平行放置，相距 10 米远。

（2）把队员划分成若干个小组，每组 7 人。

（3）划分完小组后，把大家带到场地的起始线后面。

（4）解释游戏内容：7 个人作为一个整体穿越场地，队员身体必须直接接触，并且不能借助外物连接在一起。另外一个重要规则是：任何时候，每组只能有 4 个点接触地面，这些接触点可以是脚、手、膝盖或后背。如果游戏过程中，哪个队的接触点超过了 4 个，必须回到起点重新开始。

（5）让队员们知道这是一个具有竞争性的游戏。换句话说，他们要和其他组比赛。

（6）给每个小组 10 分钟的游戏计划时间。建议各组在计划时间内彼此分开，防止相互偷听。

（7）告诉各组游戏过程中有两次口哨声。第一次哨声提醒比赛将在 1 分钟后开始，第二次哨声表明比赛开始。

项目安全：

保证队员在游戏过程中采用正确的抬举技巧。

项目变通：

（1）可以把人数减至 6 人一组。

（2）增加游戏路线的长度。

（3）每组蒙住 1 ~ 2 个人的眼睛。

讨论问题示例：

（1）游戏过程中各组都采取了什么办法？

（2）游戏开始前，是否有人认为这个游戏不能完成？游戏结束后，大家感觉如何？

（3）各组发扬团队精神协同工作了吗？怎样才能做得更好？

项目 7：月球散步

项目简介：

这是一个具有竞争性的游戏，目的是活跃团队气氛。项目时间大约 30 分钟；人数在 20 人左右。

项目道具：

给每队准备 2 个气球（可多准备一些备用）、1 个哨子和 1 个秒表。

项目操作步骤：

（1）让大家互相结为搭档。

（2）给每组发 2 个气球，要求将其中 1 个气球充满气后扎口，另一个放进口袋备用。

（3）每组的任务是带着充气的气球通过预先设有障碍的线路。哪组搭档最先到达终点，并且气球完好无损，即为获胜者。要求气球始终飘在空中，不允许队员手拿气球前行。如果气球落地，他们必须回到起点重新开始；如果气球爆裂，他们只能待在原地，拿出备用气球将其充满气后，才能继续前进；如果他们边给气球吹气边前进，一经发现，必须返回起点重新开始。

（4）开场白如下：

你和搭档在月球上登陆后，在舱外行走时，发现了一个非同寻常的物体，决定把它带回登月舱。很不幸，你们不能随身携带它。但是，由于月球上没有重力，可以把它抛到空中，不让其立即落到月球表面上。你们的任务是将这个物体带回登月舱，并且不能让它接触月球表面。一旦物体触地，你们必须回到起点重新开始。如果这个物体被扎破了，你们只能创造一个新物体，然后才能前进。祝你们好运并安全完成任务！

（5）吹响口哨，游戏开始。

项目安全：

游戏的大部分时间，队员都要一直仰望气球，因此务必保证地面上没有绊脚的东西。

项目变通：

在第二轮比赛中要求每组搭档必须保持3个气球同时飘在空中。

讨论问题示例：

（1）哪组搭档最先完成任务？

（2）游戏过程中什么办法最有效？

（3）每组搭档都能像整体一样努力"工作"吗？

项目8：连体足球

项目简介：

如果队员们喜欢户外运动而不介意跑动较多的话，他们会非常喜欢这个游戏。该项目的目的是使搭档之间以及团队各个成员之间协同工作，活跃团队气氛，让队员们能够自然地进行身体接触和配合，消除害羞和忸怩感。项目时间大约30分钟；人数10~20人。图5-10为连体足球图示。

图5-10　连体足球

项目道具：

每对搭档一段绳子或类似物件（用来绑两人的脚踝）、两段绳子或类似物件（用来捆绑两对搭档的腰）、运动场（足球场或类似的场地）、一个足球（或类似物件）、一个口哨。

项目操作步骤：

（1）把整个团队分为人数相等的两组。如果总人数是奇数，让其中一人做指导老师的助手。

（2）让队员们选择和自己身材相当的人，组内结对。

（3）让搭档们把脚踝绑在一起。

（4）每组选一对搭档，背靠背站立，并把他俩的腰捆在一起，作为各队的守门员。

（5）解释规则：两队开展足球比赛，分上下半场，每个半场 15 分钟，半场结束后两队交换场地。比赛中队员们必须一直绑着脚踝，用三条腿踢球，按足球规则进行比赛（如果你不清楚，可以问队友或自己制定规则）。

（6）对队员们的疑问给予充分的解答，然后吹口哨，游戏开始。

项目安全：

让不想参加游戏的人做边线裁判。游戏开始之前，鼓励队员们捆绑好脚踝后练习跑动。

项目变通：

（1）下半场比赛时，把 3 个队员的脚踝捆绑在一起。

（2）可以让搭档中的一人蒙上眼罩。

讨论问题示例：

（1）哪个队赢得了比赛？

（2）游戏中你们遇到了什么问题？

（3）搭档们是如何协调工作的？

项目 9：极速时限

项目简介：

团队成员全体参与（每组 10 人左右），以最快的速度按照规则从错乱顺序的数字牌中按 1～30 逐次将其拍完。该项目旨在提升团队成员的合作精神与协调能力，体现团队管理及心态管理的重要性。图 5-11 为极速时限图示。

项目道具：

分别标有 1～30、A5 大小的 30 张数字牌，另还需 10 米的长绳子一根或粉笔。

项目准备：

用绳子或粉笔在地上准备一个半径为 1～1.5 米的圆圈，把 30 张数字牌以错乱的顺序围绕圆圈内侧边缘摆放，也铺成一个圆圈，然后在距离圆圈 10 米左右准备一条起跑线（可以是用绳子摆的，也可以是画的），准备工作即完成。

团队拓展训练教程

项目操作步骤：

（1）致游戏开场白。开场白示例如下：

歹徒向警方发出挑战，声称已经在我市第一高楼的主支柱上安装了定时炸弹。假如爆炸成功，大楼将会坍塌，众多无辜的人们将为此丧命。炸弹将在30分钟之后爆炸，而解除炸弹的唯一方法就是歹徒设定的游戏规则：必须在20秒之内在一堆错乱的数字按键当中按照自然数顺序从1按到30。显然一个人是没有办法完成的，警方必须派出一支合作非常默契的团队才能解除这次危机。

极速时限

	咋地都赢	无所畏惧	A立方	社会主义	旗媒先	进击远征
第一轮	X	X	X	X	X	X
第二轮	X	X	X	X	X	42.06S
第三轮	X	40.55S	36.15S	X	37.70S	X
第四轮	31.75S	X	25.05S	X	29.15S	19.46S
第五轮	24.34S	20.41S	18.31S	17.54S	21.89S	16.75S
终极PK	17.43S	17.95S	19.57S	15.11S	18.74S	X

图5-11　极速时限

（2）团队必须在起跑线外准备开始。

（3）项目一开始就进行计时直至在没有犯错的前提下拍完30张牌。

（4）团队成员不能进入圈内，同时只能有一个人的一只手伸进圈内进行拍牌。

（5）不允许调动牌的位置和顺序。

（6）不能拍错顺序。

（7）额外增加的规则：不能说话。

（8）项目开始后，违反上述任一规则，重新开始挑战。

项目变通：

（1）培训师介绍一次规则，所有队伍依次进行。

（2）违反规则不叫停，30张数字牌拍完之后，下一支队伍开始。

（3）比赛共进行6轮，首轮比赛不限时，2~6轮比赛限时为前一轮最短用时。

（4）超时或违反规则无成绩，队长将会受到惩罚。

（5）第六轮比赛为终极对抗，用时最短的队伍获胜。

讨论问题示例：

（1）项目进行过程中屡屡犯错，问题出在什么地方？

（2）经常会发现一些团队成员总是会看着别人面前的数字牌，而忽略了自己面前的数字牌，往往到了自己面前的数字时却总是在别人那儿寻找这张牌，这说明了生活中的什么现象？

（3）此项目给你的最大感触是什么？

项目10：穿越蜘蛛网

项目简介：

这个项目的主要目的是培养团队合作精神，体会计划的重要性，增强沟通，体现协同工作在解决问题中的作用，学会解决看似难以解决的问题，激发团队在竞争激烈、复杂的环境中的创造力和快速应变能力。该项目时间为40～50分钟；人数为10～20人。图5-12为穿越蜘蛛网图示。

图5-12　穿越蜘蛛网

项目道具：

一块空地（野外最佳）、用绳子编成的蜘蛛网一张、用来做报警铃的小铃铛。

项目操作步骤：

（1）培训师先选出一位领导及一位观察员，单独向领导交代任务并给他一份说明书。全体队员必须从网的一边通过网孔到网的另一边。在整个过程中，身体的任何部位都不得触网。每个网孔只能被通过一次，即不能两人过同一个网孔。

（2）领导回到小组中传达培训师的指令。

（3）培训师及观察员观察小组队员在听领导分配任务时的反应。

（4）观察员记录小组队员在执行任务的过程中都出现了哪些问题，包括计划、沟通等方面。

项目注意事项：

（1）培训师的导向一定要明确，在游戏开始的前半部分要严格，哪怕是一点点的触网动作都必须马上要求重来，而游戏进行到后半部分时，可以根据情况适当松一点。

（2）培训师要把握好时间，时间太长会使整个游戏不够紧凑，学员的参与度会下降。

（3）培训师要鼓励通过蜘蛛网的学员为还没有通过的学员加油，同时要求他们协作通过蜘蛛网。

（4）注意不要让游戏者从网洞中跌下来。

讨论问题示例：

（1）你们在游戏过程中遇到了什么问题？是怎样分析问题的？

（2）整个小组的运作是否有效？为什么？

（3）哪些因素有助于你们成功地完成游戏？

项目11：穿针引线

项目简介：

这个项目要求小组中的每个成员都要积极参与，目的在于建立成员间的相互信任，通过不断的尝试，有计划地实现目标，让团队成员体验挫折，调整心态，共同克服困难。项目时间40分钟左右；人数20人左右。图5-13为穿针引线图示。

图5-13　穿针引线

项目道具：

（每组）一根长约30米、直径为0.8～1.0厘米的麻绳，一张2米×1米的网（网孔边长10厘米），两根竹竿，玻璃丝绳若干。

项目准备：

在两根相距2米的固定竹竿间用玻璃丝绳绑好网，网距离地面20厘米左右，将网拉紧。

项目操作步骤：

（1）告诉队员们他们即将开始一场比赛。

（2）全体队员都要参加，每队有20分钟的练习时间。

（3）将30米的麻绳穿过网孔，项目进行过程中队员身体的任何部位都不能接触网，每个网孔只能穿一次，不允许回绳，否则重新开始计数。

（4）正式比赛过程中每队有3次报备机会，报备数目计入比赛成绩，报备后可继续进行，无须重新开始。

　　讨论问题示例：

（1）项目执行中遇到了哪些困难？

（2）你们想出了多少种克服困难的方法？这些方法有效吗？

（3）组内沟通是否有障碍？

（4）项目执行中你最大的收获是什么？

项目 12：法柜奇兵

　　项目简介：

这个游戏要求小组中的每一个成员都要积极参与，目的在于让所有成员共同迎接挑战，建立小组成员间的相互信任，让队员们能够自然地进行身体接触和配合，消除害羞和忸怩感。项目时间为 40～50 分钟；人数为 10～20 人。

　　项目道具：

（每个小组）1 根约 6 米长的绳子，两棵相距约 5 米、直径在 150 毫米左右的大树。

　　项目准备：

在选好的两棵大树之间拉 1 根绳子，绳子距地面 1.5 米左右。注意要把绳子拉紧。如果准备了橡胶蜘蛛的话，把它吊在绳子中间，用以烘托游戏气氛。

如果多次做这个游戏，建议使用一个直径约 15 厘米的木桩代替绳子。

　　项目操作步骤：

（1）致游戏开场白。开场白示例如下：

看过《法柜奇兵》这部电影的人一定会记得其中魔窟历险这场戏：魔窟中遍布绊网，一旦有人不小心碰到了绊网，毒箭就会从四面八方射出来。这里我们要进行一次类似的冒险。请把系在两棵树之间的绳子想象成魔窟中的绊网，你们整个小组都要从绳子上面过去，而且绝对不能碰到绳子。如果有人碰到了绳子，整个小组都会被毒箭射死。重申一下，游戏成功的条件是从绳子上面过去，而且不能碰到绳子。

（2）如果有人在游戏过程中碰到了绳子，整个小组都必须重新开始。

　　项目安全：

注意观察每个队员的举动，同时仔细倾听。如果不加以限制的话，队员们可能会尝试各种方法，完全忘掉安全问题。游戏小组最容易想出的办法是跳高法，即助跑后从绳子上跳过去，但是，本游戏不允许采用这种方法。不要生硬地禁止该方法，指导教师可以这样说：由于有人不小心中了机关，现在地面变得非常黏，任何人都不可能跑动。

　　项目变通：

如果需要加大游戏的难度，可以把一两名队员的眼睛蒙起来。

　　讨论问题示例：

（1）你们在游戏过程中遇到了什么问题？是怎样分析问题的？

（2）你们遇到了什么困难？是如何克服这些困难的？

（3）哪些因素有助于成功地完成游戏？

项目 13：毕业墙

项目简介：

这是一个团队挑战项目，也是拓展训练中最精华的项目之一。这个项目旨在让学员懂得个人目标与团队目标的关系，只有团队获得胜利才是真正的胜利，而且在完成任务之后可以极大地鼓舞学员的士气。毕业墙项目要求全队所有成员在规定的时间内翻越一面高 4.2 米的光滑墙面，在此过程中，大家不能借助任何外力和工具，包括衣服、皮带、绳子等，所能用的资源只有每个人的身体。项目时间大约 40 分钟；人数不限。图 5-14 为毕业墙项目进行中的图示。

图 5-14　毕业墙项目进行中

项目目标：

（1）增强危急时刻的生存技能，提高安全意识和保护意识。

（2）培训团队内部及团队之间的凝聚力。

（3）民主、有效讨论，合理、快速决策，科学评估创新方案，勇于实践，不断尝试。

（4）认同差异，合理分工，最优配置资源。

（5）更深切地感受信任和帮助的重要性，尝试完成难以完成的任务。

项目道具：

高4.2米的毕业墙、安全垫。

项目操作步骤：

（1）所有学员40分钟内爬过高墙，不允许借助任何外力和工具，包括衣服、皮带等；必须沿墙的正面上去，有人未上去即为失败。人数过多的时候，上去的人沿梯子下来后必须站在指定位置；允许上去的学员沿原路返回。

（2）所有人摘去身上的一切硬物，如手表、门卡、眼镜、钥匙、戒指、发卡等，穿硬底鞋、胶钉底鞋的学员必须脱掉鞋子。

（3）如果采用搭人梯的方法，必须采用马步站桩式，不要将身体靠在墙上，注意腰部用力挺直，手臂弯曲推墙固定，保持人梯牢固。要有人专门扶人梯学员的腰，可以屈膝用腿支撑人梯学员的臀部。学员攀爬时不可踩人梯学员的头、颈椎、脊椎，只可以踩肩和大腿。

（4）让学员将衣服扎进腰带中，拉人时不可以拉衣服，拉手时要手腕相扣成老虎扣，不可直接拉手或者手指；不可将被拉学员的胳膊搭在墙沿上，只能垂直上提；当学员肩部以上超过墙沿时可以靠在墙沿上，从侧面将腿上提以帮助上去。

（5）不得助跑起跳，上墙时不可采用蹬走上墙的动作，上去后翻越墙头时要稳妥。

（6）学员应该注意安全垫的大小和硬度，注意垫上活动的安全性，以避免扭伤脚踝。

（7）攀爬中，承受不住压力的学员可大声呼叫，保护人员应迅速解救。所有学员都必须参与保护，弓步站立，双手举过头，肘略屈，掌心对着攀爬者，抬头密切关注，随时准备接应和保护攀爬者。

（8）当攀爬者或者搭人梯者跌落时，保护人员在保护自己的同时掌心对着攀爬者或者搭人梯者，将其按在墙上，切忌按头。当攀爬者在较高的地方倒落或者滑落的时候，保护人员应上前托住。当攀爬者从高空向外摔出时，保护人员应迅速顺势接住，将其轻放在垫子上。

（9）教练要大声讲解，细致强调，鼓励学员积极参与该项目。解决问题的办法由学员自己想，教练不要给安全操作规则以外的任何建议。学员讨论时间过长依然没有决策和执行的时候，教练应该适当提醒学员注意时间，一般要留2/3的时间用于执行。

（10）如果学员尝试多次后都没有成功，教练要予以鼓励，适当的时候提示技巧。教练要记录学员开始攀爬的时间和结束时间以及尝试次数。

（11）当最后一个人尝试了各种方法都上不去想要放弃的时候，教练应该予以提示。例如，你确定要放弃？现在放弃是不是很可惜？是不是方法不好？要不换人试试？在提示下学员还找不到方法的时候，教练可以把方法告诉其中一个人，然后学员间自己沟通（最后一个人上跳的时候可以抓住上方倒挂人员已经搭好的手扣，适当缓冲）。

（12）毕业墙高于4.2米或者学员确实上不去的时候，教练可以给备用绳套并指导其使用或者给予其他帮助。

项目安全：

（1）检查安全垫（海绵垫）是否完好无损，上面是否有硬物；检查墙头是否松动，带领学员充分热身。

（2）对攀爬者、搭人梯者、墙上提拉者、外围保护者的安全要不断强调，做到防患于未然。

（3）注意墙上学员的安全，要求其不准骑跨或者站立在墙头上；同时，注意墙后平台的安全性，平台上不得超过30人。

（4）地面学员少于3人时，教练应该站在人梯后较近的位置适当辅以力量；重点关注前3名和最后3名学员的攀爬过程，其余学员的攀爬可以提拉与托举并用，人梯不用过高。

（5）在"搭救"最后一名学员时，对下挂学员的安全要不断强调并予以监控，要求学员讲出他们的安全措施，教练对此进行判断，可以否决或者补充要求。

（6）最后一名学员离地，脚上抬或者做其他动作时，教练应站在学员侧后方，一方面避免学员头朝下坠落，另一方面避免其脸或者头磕在墙上。如学员不慎坠落，可顺势帮助其调整姿势将其接住或者揽到安全垫中间。学员休息一会儿可再次尝试。

（7）有安全隐患时，教练应果断鸣哨或者叫停。女学员未经特殊训练一般不做中间连接人。教练要提醒学员在被队友往上提拉时不要用脚蹬墙，以免磕伤腿及面部。

（8）教练不可参与该项目，如充当倒挂者或者最后一人。如学员因身体原因不适合参加该项目，可以不参加或者沿梯子上去。

（9）当学员要搭两组人梯的时候教练应制止；当被拉学员出现困难而滞留空中或者下滑时，教练应果断提示学员再搭上一层人梯，或者提示中间学员向一侧抬腿，上面学员抱住。只剩最后一人的时候，无论采用什么方法都要听中间学员的感受，中间学员认为不行应立即停止，不可长时间尝试。

（10）采用倒挂的方法时，教练要问清学员将要采取的安全措施。面向墙壁倒挂时，教练要提醒学员，腰部以下不得伸出墙外，要有专人拉住他的双腿，注意监控；面向外倒挂时，要提示学员注意动作，如将小腿压在墙头上，膝关节内侧卡住外沿，大腿压在墙面上，腿不得压住右手臂，后倒动作要慢，压腿的学员不得去拉最后一名"被救者"。

项目分享：

（1）该项目没有个人英雄。再强，一个人也上不去；再弱，通过协作都能上去。

（2）充分发挥个人潜能。为了团队的目标，每个学员都可以超常发挥；感受团队激励，相信人人都是自己的支持者，在激励下终能突破困境；只有通力协作、相互提携，才能够一起实现共同的目标。

（3）充分相信团队，相信自己和伙伴能够成功；通过合作发现对方及自己的长处，并利用长处来弥补自己的短处。

（4）在复杂环境中迅速找出解决问题的关键所在。

（5）学习其他人的经验，找到自己的方法，培养责任感（我们也是别人的支持者）。

（6）除非你自己选择放弃，否则没有任何人可以让你失败。

项目14：挑战150

项目简介：

这是以团队为中心的组合竞技项目，包括不倒森林、能量传递、集体跳大绳、击鼓颠球等。该项目挑战性极强，需要团队成员紧密配合。在整个游戏过程中，不能有任何失误，任何人的一个小失误，都会使游戏失败。各组每次操作项目的人数为12～20人，每人至少参加一项。每次操作项目的队员由各队自行选出，可以要求尽量多的人员参与。

项目道具：

（1）不倒森林的道具：10根1.2米长的PVC线管或竹竿（以下同）。

（2）能量传递的道具：10节直径125毫米的PVC管材、1个乒乓球或网球、1个纸杯。

（3）集体跳大绳道具：1根长10米、直径1厘米左右的绳子。

（4）击鼓颠球道具：1个均匀等分12～16根拉绳的鼓（或用有机玻璃板替代，要求板厚5毫米，直径45厘米，四周均匀钻孔，孔直径10毫米，距离板边2厘米）和1个排球。

项目要求：

每组以最快的速度完成全部项目，项目的先后顺序不做要求，最后以各组操作项目的整体时间排名次，要求最长时间控制在150秒以内。

项目操作步骤：

● 不倒森林：

（1）操作项目队员围成一个圆圈，队员之间保持50厘米的间距。

（2）队员需要将手表等物品取下，以确保安全。

（3）队员每人右手拿一根PVC线管或竹竿并将其立在地面上，掌心按住PVC线管或竹竿最上面的一端。

（4）队员呈跨立姿势站好，右手按住PVC线管或竹竿的上端，左手靠在后面，面向圆心。

（5）给队员预留时间练习。练习完毕之后，所有人围成圆圈，等待项目操作开始。

（6）由其中一名队员统一发令"1、2、3，跳"，所有人向一个统一的方向跳动一次（移动一步到位，不触地），松开自己手中的PVC线管或竹竿，并迅速按住左边或者右边队员的PVC线管或竹竿。可以根据人数要求队员完成N次跳动，常与学员人数相同。

（7）也可以将一组队员临时分成两组操作该项目，一组操作项目，另外一组在队员后面或身边站立。当一组移动的时候，迅速向一边跳动并使手离开PVC线管或竹竿的上端，而由第二组的队员在同一时间跳上前去按住PVC线管或竹竿，并整体向一个方向移动。如此往复，可以根据人数要求学员完成N次跳动，常与每组学员的人数相同。

（8）操作过程中，队员不允许抓PVC线管或竹竿；同样，PVC线管或竹竿不能倒地。抓竿或竿倒地，必须重新开始操作。

（9）当各队人数不同时，一般限制参加人数，力求各队参加该项目的人数相同。

（10）按照规定的动作要领每组跳动N次之后，由教练鸣哨示意该项目结束，操作下一个项目。

备注：单独操作该项目时，可以要求各组多操作几次，分别是可以发声指挥的和无声环境下操作，以培养团队之间的默契和协作力。这个单独项目也被称为"黄金钥匙"。

●能量传递（如图5-15所示）：

图5-15　能量传递

（1）在地面上将锯开的PVC管材堆放好，由教练规定起点和终点，并在起点放置一个乒乓球或网球；在地面按排列的管材长度的两倍位置处设置终点，并放置一个纸杯，以便回收乒乓球或网球。

（2）所有队员将地面上的管材拿在手中，将球依次从起点向终点方向滚动，操作一次之后快速在队尾接上管材，继续操作，最终使球顺利地落入终点的杯中。

（3）传递过程中球不能落地，也不能使球往回滚动或停顿，否则从头开始操作。

（4）以最快的速度将球滚动到放置好的杯子中去，方可算该项目结束。

项目变通：

第一，单独进行此项目时，将规定时间内（30～40分钟）进球数量作为记分标准。

第二，可用水来替代乒乓球或网球，终点处用水瓶替代纸杯，将规定时间内（30～40分钟）接水量作为记分标准。

●集体跳大绳：

队员全部参加，每组选出2名队员舞绳，其他队员集体跳绳，并按照要求连续跳起8个（可由教练规定）。出现任何失误，则该项目重新开始。

●合力颠球：

（1）准备圆形模板或者塑料板，将它的表面均匀地分成12～16等份，并接好绳子，每根绳子的长度不少于1.5米，做成12～16个拉手，队员只能抓绳头。

（2）留出一名队员，其他队员每人抓住一根绳子的绳头，将模板拉平，由留出的那名队员将排球放在模板的板面上，其他队员通过手中的绳子，用模板将球连续颠起来7次（由教练规定）。球颠起的高度不得高于地面2米。

（3）没有达到规定的次数而球落地的，或球颠在绳子上的，都要重新开始操作，直到能够将球颠到规定次数，方可算该项目完成。

项目注意事项：

活动过程中要注意调整好队员的情绪，注意提醒各队每个项目的练习时间安排。要做到每个项目都不失误是一件很难的事情，因此要随时激励队员。

项目变通：

此项目中的每一个游戏都可以单独进行，教练可以根据游戏场地和其他条件对游戏进行随时调整。单独进行某个游戏时，可以加大游戏的难度，以增强游戏的趣味性。

讨论问题示例：

（1）充分发挥个人潜能。为了团队的目标，每个人都可以超常发挥；感受团队激励，相信在激励下终能突破困境；只有通力协作、相互提携，才能达到共同目标。

（2）充分相信团队、相信自己和伙伴能够成功；通过合作发现对方及自己的长处，并利用长处来弥补自己的短处。

（3）除非你自己选择放弃，否则没有任何人可以让你失败。

项目15：逃出密室

项目简介：

这是一个需要团队成员创造力的游戏，需要团队成员发挥想象力才能解决问题，展示以小组为单位解决问题的好处和集体智慧的力量；该项目也可以作为课外思考题。游戏时间随不同小组找出答案所需时间的不同，可能会有非常大的差别。游戏人数不限，人数较多时，需要将队员划分成若干个由4个人组成的小组。

项目道具：

（1）2顶红帽子，分别装在2个不透明的厚纸袋子里。

（2）2顶蓝帽子，分别装在2个不透明的厚纸袋子里。

（3）1堵砖墙或1棵大树（用来把1名队员和其他3名队员隔开）。

把4顶帽子分别放入4个纸袋子里，注意放的过程不要让队员们看见。在袋子上做好标记，以保证在发放帽子时，给1号志愿者一顶红帽子、2号志愿者一顶蓝帽子、3号志愿者一顶红帽子、4号志愿者一顶蓝帽子。

项目准备：

一块室外场地。

项目操作步骤：

（1）告诉队员他们需要一起来解决一道难题。

（2）邀请4个志愿者。给每个志愿者一个装有帽子的纸袋子，告诉他们得到命令之后才能打开纸袋子，不得擅自开启。

（3）让4个志愿者排队站好。1号志愿者站在砖墙或大树的后面，戴上一顶红帽子；2号志愿者站在砖墙或大树另一侧，戴上一顶蓝帽子；3号志愿者站在2号志愿者的后面，戴上一顶红帽子；4号志愿者站在3号志愿者的后面，戴上一顶蓝帽子。4个志愿者站好后，告诉他们在任何情况下都不许说话和回头。

（4）让其他队员每4个人组成一个小组，并告诉他们保持沉默，仔细听。

（5）所有小组组建完毕、就位之后，给站好的4个志愿者做游戏开场白，开场白如下：

请想象自己被关在了密室中。密室的看管者让你们4个人站成一排，并给每人戴一顶帽子。他不许你们走动、回头和说话。如果有人胆敢回头或说话，就会立刻被惩罚。现在，请你们闭上眼睛，把帽子从袋子里拿出来，戴在头上。在这个过程中，任何人都不许看自己的帽子。看管者让你们猜出自己所戴帽子的颜色，如果你们4个人中有人能说对自己所戴帽子的颜色，你们4个人都会被释放。但是，如果第一个答案是错误的，你们都会被惩罚。显然，第一个答案将决定你们接下来的命运。一个重要的已知条件是4顶帽子中2顶是红的，2顶是蓝的。别忘了，不可以走动、回头和说话。

（6）有必要的话，重述一遍游戏开场白，以确保4个人都明确了问题和游戏规则。然后，对他们说：从现在开始，你们说出的第一句话将会决定你们接下来的命运。祝你们好运！

（7）把其他小组带到这4个人听力所及的范围之外，问他们哪个志愿者可能会猜出自己帽子的颜色，原因是什么。

（8）游戏小组找到答案之后，引导队员就解决问题、团队合作和沟通等方面展开讨论。

项目注意事项：

如果参与者可能在戴帽子的时候偷看自己帽子的颜色，那么建议由培训师负责给他们戴帽子。如果参与者事先知道了自己帽子的颜色，这个游戏就没有意义了。

项目变通：

（1）可以让多个小组同时做这个游戏。如果每个小组都遵循上面的步骤，这样做需要较长的游戏时间和更多的帽子。

（2）这个游戏也可以作为课外作业，让学员们自己去思考。

讨论问题示例：

（1）你们在游戏过程中遇到了什么问题？是怎样分析问题的？每个人都做了什么？

（2）这个游戏揭示了什么道理？

（3）如何将这个游戏和我们的实际工作联系起来？

项目16：智慧钥匙

项目简介：

这是一个富有挑战性的游戏，可以培养队员寻找问题答案、从多角度思考问题的能力。项目的人数不限，时间30～45分钟。目的是让队员观察别人如何解决问题，从而激发创造性思维。

项目道具：

（1）一把椅子、一把扫帚或拖把。

（2）将一串钥匙挂在一个直径约2.5厘米的圆环上。圆环的直径尺寸很重要，要求扫帚或拖把的手柄刚好不能插进钥匙环内，而拧在扫帚头或拖布里面的那部分手柄却能插进钥匙环中。

（3）一根长16米的绳子、一个花瓶以及杯子、饼干盒、剪刀、胶带、书和报纸若干。

项目操作步骤：

（1）首先选2名志愿者。

（2）要求2名志愿者立刻离开游戏场地，他们不能听到队员在说什么，也不能看到队员在干什么。

（3）布置道具。把椅子放在场地的中心位置，同时把那串带有钥匙环的钥匙放在椅子上。把绳子放在地上，距椅子约2米远，然后以椅子为圆心把绳子围成圆形。圆的直径约为4.5米。

（4）让其中一名志愿者过来参加游戏。

（5）他的任务是从椅子上取走钥匙串。要求不能跨入绳子围成的圆圈中，只能利用扫帚或拖把取走钥匙，并且钥匙不能掉在地上。

（6）把扫帚或者拖把交给那位志愿者，其余队员观看他如何完成任务。

（7）志愿者采用的方法明显不妥后（如试图把扫帚把或者拖把把手插进钥匙环中，或用扫帚头或者拖把钩住椅子腿，把椅子拉到绳子边缘，取下钥匙），让他寻找其他办法解决问题。

（8）志愿者解决问题之后，祝贺他，但同时说明那种方法不是你们所期望的。要求其把椅子和钥匙放回原处，让他用其他办法再试一次。

（9）游戏一直做下去，直到他用了你们期望的方法，即把拖把或者扫帚的把手拧下来，用较细的一端把钥匙环挑出来。

（10）重新摆好道具，要求第二个志愿者按同样的规则去做。但这次他可以利用所有道具。

（11）让第二个志愿者一直做下去，直到采用了你们希望的方法为止。这或许会占用一些时间，但相信他最终会成功。

（12）最后，指导教师可以引导大家就预见性、受到打击后灰心丧气和多角度思考问题等展开讨论。

项目变通：

当志愿者绞尽脑汁想办法时，让其他队员写出自己能想到的所有办法，但必须保持沉默。

讨论问题示例：

（1）游戏过程中志愿者有何感受？游戏进行时，其他队员看到了什么？

（2）志愿者好不容易想出的办法被告知是错误的时候，他有何感受？

（3）如何将游戏和实际工作联系起来？

项目17：禁止触摸

项目简介：

这是一个激发创造性思维的有趣游戏，目的是使队员配合工作，倡导多角度思考问题，展示同心协力的益处。项目大约用时30分钟，人数不限。

项目道具：

1个约30厘米长的管子，管子的内径比乒乓球稍微大些；1个乒乓球；1个较大的活动扳手；1把木工锯；1团绳子；1小瓶蜂蜜；2张能写字的纸；2支钢笔；1个放大镜；1听未开封的软饮料；1个塑料防雨屏风；1个网球；2卷卫生纸；1瓶未开封的酒；2个瓷杯子；4个新气球；2枚生鸡蛋；1株小辣椒树。把上述所有东西都准备齐全不太实际，可以给每组复印一张清单，让他们自己去想办法。

项目准备：

把管子埋在地里后扶直，管子的地上部分长约25厘米。如果你想在自己的场地上多次开展该游戏，可以把管子固定在地面上。但每次做完游戏后要把管子盖起来，以防绊倒他人。

项目操作步骤：

（1）向各组展示固定在地上的管子。

（2）每个管子里放一个乒乓球。

（3）让各组尽量想出多种办法取出乒乓球，但不能破坏乒乓球、管子和地面，只能利用上述道具完成任务。

（4）游戏结束后，引导大家就相关策略和方法展开讨论。

项目安全：

游戏结束后把管子移走，以防绊倒他人。

项目变通：

（1）发挥想象力，采用其他办法取出乒乓球，而不仅仅局限于上述道具。

（2）先让队员独自想办法，然后再组成小组共同完成任务。

讨论问题示例：

（1）你们想出了多少种办法？这些办法都有效吗？

（2）你们是如何想出这些办法的？

（3）如何将这个游戏和我们的日常生活联系起来？

项目 18：发挥想象力

项目简介：

这是一个简单的游戏，能激发队员从多角度思考问题，目的是使队员发挥想象力。项目时间大约 30 分钟，人数不限。

项目道具：

一块边长约 45 厘米的正方形木板、一卷胶带、一个气球（多准备几个备用）、一支做标记的笔、一张报纸。

项目准备：

游戏开始之前，用两段大约长 30 厘米的胶带在木板上贴一个"十"字。

项目操作步骤：

（1）选一位志愿者，让他利用现有的道具取回气球。

（2）把气球吹起来，上面写上"极其珍贵"或者"$$"等字样，营造出欢乐的气氛；或者在气球里放一些硬糖块，作为志愿者取回气球的奖品（还能防止气球被风吹走）。

（3）把木板放在地上（贴胶带那面朝上），让所有队员都能看到。

（4）让志愿者站在"十"字中间，发给他报纸。把气球放在地上，距木板边缘 4 米远。

（5）要求志愿者 3 分钟之内取回气球，但不能离开"十"字。其余队员只能观看，不能提议志愿者该如何取回气球。

（6）3 分钟之后，如果那个志愿者还没完成任务，询问其他队员该如何取回气球。

（7）然后引导大家就解决问题、协同工作和团队合作等展开讨论。

项目变通：

志愿者站到木板上以后，给他蒙上眼罩，然后其他队员告诉他该如何做。显然，开场白也要做些变动。同样，可以改为小组游戏：采用一个 1 米见方的木板，让所有队员都站到上面去，按相同规则取回气球。

讨论问题示例：

（1）你们在游戏过程中遇到了什么问题？

（2）你们是如何对问题进行拆分的？每个人都做了什么？

（3）有多少种方法可以取回气球？

项目 19：艰难使命

项目简介：

该游戏中的任务似乎难以完成，但是当队员们真正做起来以后，就会发现并非如想象的那样困难。项目时间约 1 个小时；人数较多时，需要将队员划分成若干个由 5～7 人组成的小组。

项目道具：

道具（每个小组）包括：①一段长10米、直径12毫米的绳子；②一个约2.4米长的笤帚把（或类似尺寸的树枝）；③一根约2.4米长、直径5厘米的竿子（或类似尺寸的树干）；④一块4米长、截面为20厘米×5厘米的硬木板；⑤一个装有半桶水的水桶；⑥一个1.2米高的陡坡（队员们在此展开游戏），如果找不到陡坡，用类似的阳台代替。

项目目标：

（1）展示同心协力的益处。

（2）培养团队精神。

（3）让团队完成一个似乎不可能完成的任务。

项目操作步骤：

（1）将队员划分成若干个由5～7人组成的小组，每组选一名志愿者做监护员。

（2）让各个小组站在陡坡上，把水桶放在他们不易拿到的地方——需要他们动脑筋、费力气才能拿到。

（3）说明各组的任务。要求他们只能利用所给的道具拿到水桶，并且不允许离开斜坡。换句话说，他们不能从陡坡上走下来直接取走水桶。游戏过程中，如果有人接触了陡坡下方的地面，立刻会被蒙上眼罩。只有按要求拿到水桶，而且里面的水不溢出，才算成功。

项目注意事项：

要求监护人员密切观察游戏的进行情况，保证队员的安全。

项目变通：

增加一些没用的道具迷惑队员，如一根长着叶子的小树枝或者一个空的饮料瓶（散布在陡坡上）。

讨论问题示例：

（1）这个任务有可能完成吗？

（2）游戏的目的是什么？

（3）如何将该游戏和我们将要开展的培训联系起来？

项目20：呼吸的力量

项目简介：

这个项目会使参加者体验不同的沟通形式，从第三方视角发现日常工作中出现沟通问题的原因；有助于信息的有效传达、沟通及理解能力的提升；能够培养分工协作的意识，营造高效的工作氛围。项目时间50分钟左右；人数20人左右。

项目道具：

任务书，PVC管，气球，吹嘴，直通、三通、十字等接头若干。

项目操作步骤：

（1）在规定的时间内，按照培训师的要求，制造出一台符合要求的团队呼吸机器。

（2）把所有器材都恰好用完。

（3）制造好的呼吸机器必须可以独立稳定地立在地面上。

（4）制造好的机器至少有 3 层，最高的位置不低于地面 1.7 米，最低位置出气孔离地面 15 厘米，出气孔不少于 15 个，出气孔位置的气球必须在中间层。

（5）除了出气孔位置的气球和 1 个进气孔外，其余所有进气孔队员都可用除嘴外的身体任何部位来堵住。

（6）呼吸机器制造完毕，培训师检查合格后，各队交换场地，最快吹爆 1 个气球的队伍获胜。

项目安全：

（1）为保证卫生，吹气孔位置尽量要求用吹嘴接触管材。

（2）注意把控各组的气球位置，气球不要靠人太近，以免吹爆时造成伤害。

项目变通：

（1）把队员分为领导、沟通和执行 3 个小组，3 个小组分别进入自己的活动区域。

（2）领导组接到画有模型图的任务书后，将模型的式样以口头形式传达给沟通组，沟通组将领导组的要求转达给执行组，由执行组制造呼吸机器。

（3）呼吸机器制造完毕后，团队合力，连续吹爆 5 个气球，整个流程用时最短者获胜。

讨论问题示例：

（1）沟通障碍有哪些？

（2）你们在项目进行中遇到了哪些困难？你们是如何克服这些困难的？

（3）哪些因素有助于你们成功完成任务？

5.7　室内拓展训练项目

室内拓展训练项目是在会议室、报告厅等室内开展的拓展项目，是为克服场地的限制，将部分拓展项目移入室内进行并融入管理内训的一些内容，从而出现的不同于场地和野外拓展项目的新形式。现在开展的室内拓展训练项目由三类组成：一是本身在室内开展的项目；二是将部分户外的拓展训练项目改变规则移入室内开展的项目；三是具有体验式培训性质的管理内训项目。

一、热身和破冰项目

项目 1：征集签名

项目简介：

该项目旨在使组员进一步认识自我、探索自我，促进组员之间的认识和了解，培养多元、开放的思想。参与人数 10～150 人；游戏时间 20～30 分钟。

项目道具：

表格（根据团队情况自制，可参考表 5-1）和笔。

表 5-1   征集签名游戏表（参考）

会乐器	有一个经常被叫错的名字	是双胞胎	能讲两门外语
会跳街舞（证明）	用华为手机	有过野营经历	去过两个或两个以上的国家
参加过马拉松长跑活动	会唱英文歌曲（证明）	有驾照	健身
喜欢打乒乓球	喜欢踢足球	喜欢打羽毛球	做瑜伽（证明）

项目操作步骤：

（1）让所有成员围成一个大圈，准备好写有各类经历的表格，并给每人发放一张。

（2）如果有成员的特征与表格某一项匹配，让他在这一项上签名，签名后不得更改，签名的选项数量不限。

（3）在某些选项后写上"证明"字样，让符合该项特征的成员先证明后签名。如有纹身（证明），则先让成员证明自己有纹身，再签上名字。

（4）选一位志愿者，志愿者大声喊出某一种人物特征，凡拥有这些特征的人要走到圆圈的中心并且相互击掌，也可以要求需要"证明"的具有某种特征的人唱一首歌曲或表演一段舞。

项目 2：自画像

项目简介：

在 15 分钟时间内，完成一幅"自画像"；分组进行，每组 8～10 人；游戏时间 15～20 分钟。游戏操作简便，全员参与度高，能激发组员的创新思维，使组员进一步认识自我、探索自我。

项目道具：

A4 纸每人一张、彩笔若干。

项目操作步骤：

（1）给每位组员发一张 A4 纸和一支彩色画笔。

（2）在 15 分钟内，在 A4 纸上完成一幅"自画像"。

（3）小组成员想怎样画就怎样画，不拘泥于形式，只要是能代表自己的画作就可以。

（4）让每位组员独立完成，不能说话，完成后引导大家分享"自画像"的含义。

项目引导：

（1）我们往往会忽略身边人的许多特性，这是一个重新认识他们的机会。

（2）每一幅自画像都有着不同意义，都是对自我的诠释和表达，应对其中的积极意义进行挖掘并分享。

项目 3：背上留言

项目简介：

在他人的背上贴上写有自己留言的纸条；无场地要求，容易激发学员的好奇心；引导大家更完整地认识自我，正确地对待他人的看法和评价。分组进行，每组 8 ~ 10 人；游戏时间 20 ~ 30 分钟。

项目道具：

A4 纸每人一张、彩笔、胶带、背景音乐。

项目操作步骤：

（1）组织者给每位组员派发 A4 纸一张、彩笔一支及胶带若干，让组员将 A4 纸互相粘贴在每个人的背后。

（2）组员之间互相在对方背上写上对他的认识、优点、缺点或是建议及最想对他说的话。

（3）约 10 分钟后，各组成员围坐成一个圈，分享每个人背上的留言。

讨论问题示例：

（1）别人给你写了什么？

（2）大家眼中的你和自己认为的你是一致的吗？

（3）对别人的评价你的感受是什么？

（4）在这个游戏中你有什么感受或发现？

二、建立信任项目

项目 4：跟着感觉走

项目简介：

将队员两两分组，其中一个人被蒙上眼睛，然后在搭档的引导下，不用语言为一个蒙着眼睛的人引路，走完一段路程。

项目道具：

布置障碍所需的物品，如一些绳子、桌子、脸盆等。

项目操作步骤：

（1）将队员两两分组，在其中一个人被蒙上眼睛之前，搭档之间可以充分交流，约定沟通信号。

（2）在起点和终点之间设立诸多障碍。

（3）引导者要小心谨慎地引导他的搭档绕过障碍，并要随时停下来让搭档知道前面的情况。

知识迁移：

被蒙上眼睛的人会发现这个非常简单的游戏能够揭示深刻的道理：信任自己的合作伙伴，并让合作伙伴也信任自己，是非常有意思的也是完全不同的体验。由于这个游戏依赖运动知觉，所以由此产生的信任感是语言交流所无法达到的。

讨论问题示例：

通过下面的问题设法将从体验中得到的思想精髓运用到日常的生活中：

（1）这个游戏与什么相类似？

（2）在这个游戏中是否有人跨越了自己的心理舒适区？

（3）你搭档的哪些行为有助于你建立和维护完成这个任务所必需的信任？

（4）回到教室或办公室，你会要求你的同事做哪些事情以增强你们之间的信任？

三、沟通项目

项目5：你教我学

项目简介：

教给另一个队友一点新的东西，两个队员之间相互学习；时间5～10分钟。

项目操作步骤：

（1）将队员两两配对，然后要求他们彼此教给对方一点只需要几分钟就能学会的东西。它可以是一项技能，如怎样用青草的叶片吹口哨；或者是一种知识，如一句外语的格言。

（2）最后让每组学员向大家展示他们的学习成果。

知识迁移：

自古希腊时代以来，知识就被看作一种力量。在某些组织中，有些人会试图通过挟藏知识而赢得权力。而在一个健康的组织中，人们愿意开放地和他人共享知识和技能；他们相信彼此间学到的东西越多，团队的工作效率就越高。

项目6：拼七巧板

项目简介：

按照语言指令，用七巧板拼出既定的图形，时间15～20分钟。

项目道具：

七巧板图形图（黑白）、七巧板若干。

项目操作步骤：

（1）选出一名志愿者，背靠队员，志愿者从七巧板图形图中随机选取一幅图，用语言描述其形状。

（2）其余队员根据志愿者的描述拼七巧板。

（3）描述结束后，查看拼图与目标图形之间的差距。

讨论问题示例：

（1）图形拼错的主要原因是什么？

（2）如果你来描述图形，你会怎样表述？

四、解决问题项目

项目7：掷鸡蛋

项目简介：

每组4～5人，为一个鸡蛋设计外包装，使它从指定高度安全落下不破碎；通过竞争建立团队精神。时间约40分钟。

项目道具：

吸管若干（培训师指定）、透明胶带、生鸡蛋。

项目操作步骤：

（1）地毯上划定一块降落区域。

（2）确定一个降落高度，由培训师指定（如 3 ～ 5 米）。

（3）队员按每组 4 ～ 5 人分组。

（4）每个小组为一个鸡蛋设计外包装，它从指定高度安全落下而不破碎。

（5）在掷鸡蛋之前，每个小组要在全体队员面前公开展示他们的作品，然后掷鸡蛋；是得到掌声还是嘘声，要视结果而定。

（6）评选出最佳展示、最佳创意、最成功操作三个奖项。

项目变通：

可以做一些小小的调整，创作出更为复杂的游戏版本。

（1）给各小组的材料的类型和数量应有所不同，小组之间必须进行交换才能完成任务。

（2）指定一个公共地点，小组之间不能互相串访，但可以在这个指定的地点进行会晤协商。

（3）设计一个故事情节，让所有小组都有一个共同的目标。例如，各小组正在丛林边挽救从鸟巢里掉落下来的濒危物种的蛋。

讨论问题示例：

（1）竞争与合作对完成任务有影响么？体现在哪些方面？

（2）这种改变是如何影响最终结果的？

第6章

团队拓展训练教学实例

6.1　拓展训练动员

　　拓展训练动员是学生参加团队拓展训练的首要和必要环节，在拓展训练实施前4周左右进行。动员内容由理论讲座和自救常识两部分组成，共4学时，由不同的教师讲解。理论讲座介绍拓展训练的起源、发展、训练意义、行为要求、前期准备、考核方式等。拓展训练动员要求所有学生都要参与，动员出勤情况将计入学生的综合实训成绩中，缺勤一次成绩下降一个等级，缺勤两次成绩下降两个等级。

　　拓展训练动员的主要目的：首先是让学生对拓展训练有一个初步并正确的认知，提高学生对拓展训练的热情和兴趣；其次是引导学生做好出发前的准备，携带好洗漱用品、换洗衣物、必备药品等。

6.2　拓展训练实施

6.2.1　整装出发

　　出发时间为早上8点钟，以班级为单位集合，出发前提醒学生再次检查确认服装、洗漱用品、拓展教材、实训手册等必备物品已齐全。指导教师检查学生的着装是否符合要求，不符合要求者立即回宿舍更换。检查工作结束后清点人数，随后由指导教师引领学生依次登车，每车配一名指导教师负责学生途中的安全及其他一些相关事宜。出发前，需向学生强调途中注意事项：不准在车内随意走动或乱调座位；禁止乱扔垃圾，保持车内卫生。途中也可组织学生开展一些适宜的小活动或表演文艺节目。图6-1为学员整装出发图示。

图6-1　学员整装出发

6.2.2　集合分组

　　到达拓展训练基地（大约是上午 10 点钟）后，集合分组是第一项任务。下车后，仍以班级为单位迅速集合，由各带队教师按照分组名单清点人数。被点到名字的同学出列站成一排，形成新的拓展训练队别。每队大约 20 人，过多或过少都会影响训练效果，然后按队别分配宿舍。

　　集合分组之后有一个重要的仪式，即开营仪式（如图6-2所示）。仪式由一个总训老师负责主持，简单介绍拓展的意义、内容、训练期间的行为要求等。行为要求主要包括如下几点：①按时起床与就寝；②准时就餐，不允许额外点餐，不允许购买其他食品；③固定餐位就餐，饭后自己洗碗；④活动范围不得超出拓展训练基地大门，白天、夜间均要结伴而行；⑤注意保持卫生，不允许随地乱扔垃圾；⑥每天活动结束后需及时总结，写好拓展训练实训手册。以上行为要求带队教师随时监督检查。

图6-2　开营仪式

开营仪式中有一个重要的宣誓环节，所有队员共同宣誓（如图6-3所示），宣誓内容如下：我不是为了失败才来到这个世界上的，在我的血管里也没有失败的血液；我有无限潜能，我为成功而来，勇敢面对每一次挑战，提升自我、超越自我、相信自我，更敬重他人；时刻与团队在一起，团队因为有我而自豪；严守纪律，服从教练指导；热爱自然，保护环境；保持归零和空杯的心态，用心感悟，虚心学习。我爱我的团队！我将奉献于我的团队！我自愿参加拓展训练，勇敢面对挑战，不找任何理由拒绝参加已定训练项目。我深信只要生命不息就要坚持到底！

图6-3　队员共同宣誓

最后是授旗仪式，由一名教师向每个小组的代表授队旗。

以上活动时间约为1个半小时，之后是午餐时间，午餐前集体进行餐前训导（如图6-4所示）："军井未掘，将不言渴；军灶未开，将不言饿；雨不披蓑，雪不穿裘；将士冷暖，永记我心！"声音不洪亮和不整齐的队伍不能进餐，直到合格为止。

6.2.3　热身

下午1:30开始训练，热身是第一个任务，时间为1个半小时。热身环节又称为"破冰"，这个名字起源于冰山理论。冰山理论是指人的"自我"就像一座冰山一样，意识到的部分占比很小，更大的部分是潜在的意识，或者说是不容易被分辨的意识；而"破冰"就是把人的注意力引到当下，因为注意力集中到当下就无法或者不容易受潜在意识的影响，这样就可以达到团队融合、远离怀疑和猜忌的目的。图6-5为学员热身活动——水果蹲，图6-6为"破冰"活动——兔子舞，图6-7为热身项目——一个都不能少。

图6-4 餐前训导

图6-5 学员热身活动——水果蹲

图6-6 "破冰"活动——兔子舞

图6-7 热身项目——一个都不能少

　　"破冰"的目的是消除人与人之间的隔阂，让参与者保持专注或者兴奋。热身环节常用的项目有自我介绍、松鼠与大树、传染病、盲人摸号、盲人行动、拍手游戏等。

　　热身可以由整个拓展队伍共同进行，也可以由各个小分队分别进行。通过这个环节，打破队员之间的隔阂，并调动起队员参与训练的热情，为接下来的团结协作做好铺垫。可以说，成功的"破冰"是整个培训能取得预期效果的关键。

6.2.4　团队建设

热身结束后组建团队，队员们首先通过自荐和推选相结合的方式选出团队队长，然后在队长的带领下完成团队名称、口号、队歌、队旗、队形的设计与组建工作，如图6-8所示。

图6-8　团队建设——队旗设计

队歌歌词要求为原创，队旗设计要体现出团队特点，队形排列要求有5名队员身体离地。同时，还要选出器材官、文艺委员、生活委员等。完成该任务的时间为40～50分钟，之后各个团队依次展示自己的团队文化，真正的团队成立了。

教师在团队组建的过程中只引导不参与，以发挥学生们的积极主动性。活动开始前，各组需要到器材负责人处领取胶带、剪刀、记号笔等用品，如图6-9所示。

图6-9　团队文化展示准备

团队文化展示如图6-10所示。

图6-10　团队文化展示

6.2.5　项目进行

第二天上午到第三天中午是挫折模块、信任模块、挑战模块、合作模块、野外登山等主体项目的训练。

挫折模块的典型代表项目是穿越电网（如图6-11所示），时间为1个半小时。所谓穿越电网，是指团队中的所有队员必须在一定的规则下和有限的时间内，穿越一个网格数量有限、大小不一的假设有电的网。该项目需要在严密的分工、周全的计划下，有人指挥、有人帮助、有人监护，通过"抱、抬、托、举"等各种动作才能完成。经过一次次的失败和挫折，学员们要认识到以下三点：①科学决策、合理计划、有效组织、有效利用资源、严谨细致的工作作风是团队成功的关键；②面对困难和挫折时，要有坚韧不拔的毅力和永不服输的精神，只要坚持到底，胜利就在前方；③现实生活中，往往不能做到一人做事一人当，我们犯的错误往往要连累亲人、朋友共同承担，所以我们要对他人负责，首先就要对自己负责。

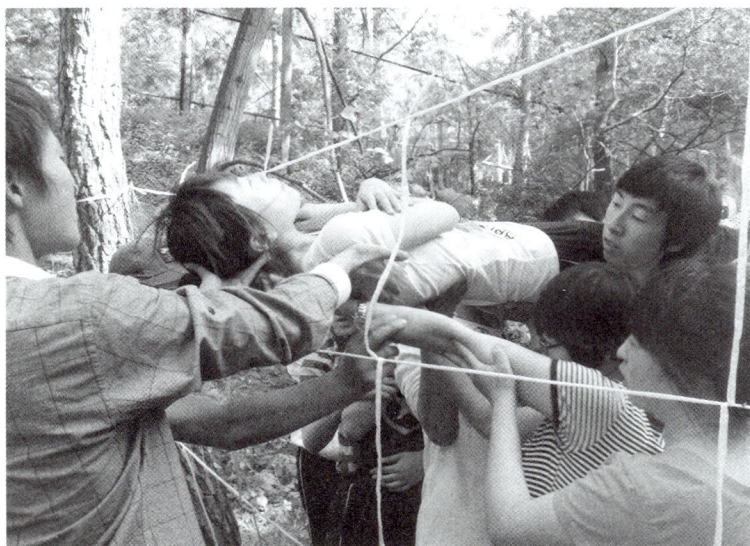

图6-11　挫折模块典型项目——穿越电网

　　信任模块的典型代表项目是信任背摔，时间为1个小时，人数在20人左右。这是一个团队信任和自我挑战相结合的项目，队员背向队友从1.4米的高台上倒下，台下队员用手臂搭成人床安全平稳地接住队友。该项目旨在使队员主动体验安全感、归属感，增强自信心，建立团队成员之间相互信任的基础，切身体会什么是"充分信任、相互依赖"，使队员认识到信任是合作的基础，并通过身体接触，打破彼此之间的隔阂，尽快地融入训练情境中，提高心理素质。图6-12是教练进行搭人床动作示范，图6-13是队员进行信任背摔项目体验。

图6-12　教练进行搭人床动作示范

图6-13　队员进行信任背摔项目体验

　　挑战模块是对学生自我潜能的挖掘，让学生认识到自身潜能的巨大，增强自身面对困难时的信心和勇气，磨炼意志和耐力。该模块更是对团队合作综合能力的训练，是木桶原理的最佳体现，团队的成功需要每一名成员的努力和付出。该模块设有珠行万里、合力颠球（如图6-14所示）、不倒森林（如图6-15所示）、动力火车、合力跳绳（如图6-16所示）、蛟龙出海（如图6-17所示）等经典项目，所有项目都以用时最短者为胜，如在50分钟内没有完成该项目，视为挑战失败。六项竞技进行的时间为第二天的下午。

图6-14　挑战模块项目——合力颠球

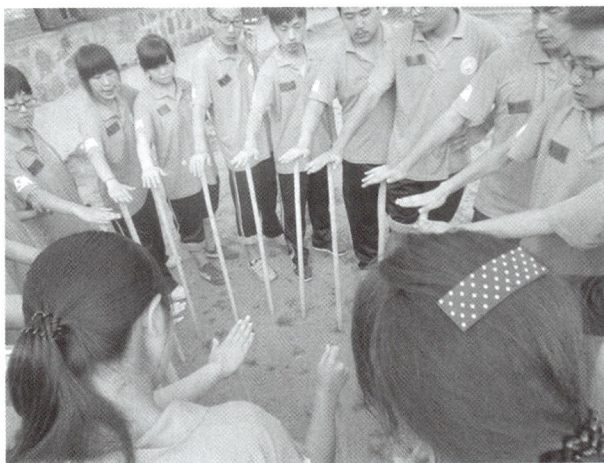

图6-15　挑战模块项目——不倒森林

图6-16　挑战模块项目——合力跳绳

图6-17　挑战模块项目——蛟龙出海

第三天上午进行的是山野行军（如图6-18所示），时间为2~3个小时。学员们要穿越拓展实训基地后面的一座大山，山中风景秀丽，山势陡峭，路上不时还需要趟过小河（如图6-19所示）。该项目一方面可以让学生们亲近大自然，享受惬意的风光；另一方面利用陡峭的山势锻炼学生们的体能。行军中每名队员自带2个馒头、1小袋咸菜和1瓶矿泉水作为午饭。除此之外，不允许携带和购买其他食品，以考验队员们有效利用和分配资源的能力。

图6-18　山野行军场景一

图6-19　山野行军场景二

合作模块的典型代表项目是毕业墙（如图6-20所示），在山野行军之后进行，时间为1小时左右。毕业墙能体现学员们的团队合作及完成任务的综合能力，是拓展训练中最重要也是最生动的一课。该项目要求团队成员在不借助任何外力的情况下，通过团队的配合，以踩、踏、拉、拽的方式全部翻过4米高的高墙。该项目旨在培养队员密切合作、克服困难的精神，在挑战自我的过程中学习合理利用资源，并通过该项目的完成懂得感恩。项目结束后，教练将队员带到相对安静的场地，围成一个圈，席地而坐，对所有队员完成挑战任务给予鼓励，表扬活动中最突出者与最顽强者；拥抱搭人梯者，表扬他们甘为人梯，为了团队目标勇于牺牲、奉献，并让他们谈谈自己的感想，使其他学员意识到"我是踩着别人的肩膀才上来的"，从而增强责任心和信任感，并让所有学员感受到，只有通过团队努力，才能实现个人及团队的目标。

图6-20　合作模块项目——毕业墙

6.2.6　项目总结

分享是拓展训练精神的升华，队员在亲身体验了每个项目之后，要将自身的感想、感受及收获分享给团队成员。整个训练结束之后，再进行总体的交流和总结（如图6-21所示）。

图6-21　拓展项目总结——交流分享

　　先由队员分别发言，分享自己参加拓展训练后的改变、成功的经验、失败的教训及对自己未来学习、生活的启发等；然后由教练做最后的总结，要求所有队员和教练共同围成一圈，两只手臂分别搭在两侧队友的肩膀上，闭上双眼，随着教练的总结共同回忆三天来的一幕幕（如图6-22所示）：陌生的环境、艰苦的住宿条件、难吃的饭菜、严格的教练、艰难的挑战、队友的感动、团队的温暖、成功的喜悦……画面还在闪现，一首《真心英雄》响起，大家在嘹亮的歌声中、不舍的眷恋中、暖暖的感动中结束了拓展训练。训练虽结束了，但拓展精神将永存！

图6-22　拓展项目总结——回忆拓展期间的一幕幕

6.2.7　整装返校

返校前所有学员集合，每个团队再次洪亮地喊出自己团队的口号，与指导教师合影留念，然后依次登车返校（如图6-23、图6-24所示）。

图6-23　集合等待返校

图6-24　拓展训练结束登车返校

三天的拓展训练结束了，同学们满载着这几天的欢笑、泪水、感动，返回自己的学校，留下的是一生难忘的记忆！

附录一

团队拓展训练过程记录

1.团队拓展训练记录表

拓展团队组成

队长	
副队长	
旗手	
文艺委员	
安全员	
其他成员	
队名	
口号	
队歌	
团队期望成绩	
本团队优势分析	
本团队劣势分析	
团队策略	

2.培训日记（动员）

培训日记（动员）

请你将每一天的心得及时记录下来，也许这样一点小小的工作会使你有更多的收获。

时间：　　年　　月　　日　　　　星期　　　　　地点：

培训日记（第1天户外）

请你将每一天的心得及时记录下来，也许这样一点小小的工作会使你有更多的收获。

时间：　　年　　月　　日　　　　　星期　　　　　地点：

培训日记（第2天户外）

请你将每一天的心得及时记录下来，也许这样一点小小的工作会使你有意外的收获。

时间：　　　年　　月　　日　　　　　星期　　　　　　地点：

培训日记（第3天户外）

请你将每一天的心得及时记录下来，也许这样一点小小的工作会使你有意外的收获。

时间：　　年　　月　　日　　　　星期　　　　地点：

3.团队拓展训练总结

拓展训练的目标是"挑战自我，熔炼团队"，那么如何才能最大限度地发挥个人的潜力？如何才能建立一个真正的团队？我们不妨从以下角度进行思考总结：

（1）简要描述所在团队的基本情况。

（2）分析所在团队拓展训练成败的关键。

（3）总结自己在团队中的收获。

4.指导教师评价表

成绩评定表（由指导教师填写）

出勤成绩 （10分）	按时到达实训地点，不早退；带齐所需物品；积极参与实训活动				小计
过程成绩 （60分）	个人提高 （20分）	参与项目过程 （20分）	环境保护 （10分）	完成质量 （10分）	小计
训练日记 （10分）	字迹工整，结构完整，内容丰富，有真情实感				小计
总结报告 （20分）	字迹工整，结构完整，内容丰富，层次清晰，观点明确				小计
教师评语					
总成绩		指导教师签字			

说明：

（1）缺勤三分之一成绩为不及格。

（2）培训期间违反学校的有关管理规定，按学校的相关管理办法执行。

5.评价标准

（1）分项考核方式和标准

考核方式	分值	考核标准
出勤	10分	旷课一次扣5分，迟到一次扣3分，缺勤超过3个项目，总评成绩为不及格
个人提高	20分	（1）具备良好的沟通协调能力8分； （2）提高个人的团队合作意识6分； （3）敢于表达自己的真实想法6分
参与项目	20分	（1）积极参与各个项目5分； （2）在项目中发挥正向作用5分； （3）团结队内成员，共同完成项目5分； （4）组内人际关系良好5分
环境保护	10分	（1）个人物品摆放整齐2分； （2）不乱扔垃圾3分； （3）团队活动区域内无垃圾3分； （4）值日期间积极参与2分
完成质量	10分	（1）在规定的时间内完成任务5分； （2）团队成绩良好5分
训练日记	10分	（1）字迹工整2分； （2）内容真实4分； （3）对各项活动有自己真实的感悟4分
总结报告	20分	（1）满足字数要求4分； （2）字迹工整、结构完整4分； （3）层次清晰、逻辑合理6分； （4）对实训过程、实训收获有深入思考6分

（2）总评考核标准

成绩	标准
优秀	总评成绩：90～100分
良好	总评成绩：80～89分
中等	总评成绩：70～79分
及格	总评成绩：60～69分
不及格	总评成绩：低于60分，或缺勤超过3个项目

附录二

拓展感言——你的体会，我的感悟

1. 小峰

为期一周的拓展训练，在青山环绕之中，为我展示了另外一个世界——一个由团队、由自己的意志开拓的世界。

所谓拓展训练，就是以团队为单位，体验一个又一个项目：有的要靠自己，有的要靠对队友的信任；有的考验的是个人的勇气，有的考验的是配合的默契；有的是竞争，有的是合作。这样一项项经历下来，脑海中回想的还是那句烂熟于心的话：没有去做而做不到的事。在双手被缚在胸前，仰面向后倒下的时候，即使心有不安，可我们还是选择相信同伴。

我常常想，如果这次的拓展训练是一帆风顺的，那么自己的想法一定和现在不一样吧。然而，自己还是遭遇到了打击。记得自己满脸的泪水，不是为了身上的伤，不是因为自己没有到达最高处。身体上的伤痕与团队的荣辱相比根本微不足道，然而眼泪无从控制，我痛恨半途而废，尤其是连累了其他人和我一道半途而废，觉得自己辜负了别人的期许。但是我得到了安慰和鼓励，蓦然发现，原来团队不仅意味着力量，还有温暖。于是我暗下决心，不再让队友失望。人世间的遗憾，总不由得去感慨"如果"二字。所以以后，即使感觉到了极限，也要再试一试，哪怕只有一点点机会。

最后一个项目是毕业墙，竞争对手成为队友，是最让人感动的。众志成城，无所不能。大家一起毕业，激动、兴奋，无法言语。这次拓展训练，培养了团队精神，挑战了个人极限；个中滋味，如人饮水，冷暖自知。感谢所有可爱可敬的队员们，感谢自己迈出的每一步；因为有了这一切，我会更坚强、更勇敢，更好地融入这个集体，在未来的路上踏上更坚实的脚印。

2. 小深

2014年6月的第三周是我最快乐、艰难而有趣的一周。这一周我参加了学校安排的拓展训练活动。虽然只是短短一周的训练，但我们收获颇多。如果让我给我参加的第一次拓展训练做一个小结的话，那就是"激情+协作""自我激励与团队精神相结合"。

如何使一个集体的所有成员更好地合作，从而获得最大效能，是我在拓展训练中学到的：第一，应该建立团队共同的愿景，只有在目标被所有人都认同的情况下，整个集体才能形成一股力量，就如同涓涓细流能够汇成大江大河一样；积少成多，众人一心，就能产生无穷的能量。第二，集体内部成员之间应该相互信任，在遇到问题的时候，摆脱狭隘的个人主义，集中精力顾全大局。就如同在拓展训练中做背摔项目一样，只有充分信任集体中的每一个成员，你才敢从接近1.6米高的跳台上仰面摔下，从而使自己的团队获得良好的成绩。第三，在制定好策略后要坚决地执行。有时由于客观条件的限制没有制定出较好的策略，但是在拓展中的实践证明，能够坚决地执行既有的策略才是成功的关键。

我感慨于这样的真实，我感动于这样的投入，我佩服这样的勇气，我欣赏这样的决断，我感谢这样的体验。也许这仅仅是一次体验，也许这仅仅是我漫长人生中短短的一部分，也许在以后的日子里只是在打开电脑看到照片时，会笑谈我们曾经有过的挑战、激动和欢笑。或许在那之后，我们也不再会提起，生活恢复正常，可能它不具有让我们的学习和生活发生翻天覆地变化的能量，我们真的不可能仅仅因为几天的活动就改变了所有的一切。但是我相信，如果我再遇到困难，我会说这有什么了不起。在这样的经历之后我们都敢大声说：没有什么不可以！是的，在那之后，当你再遇到挑战时，你会想起那几天，你会想起因为我们的共同努力让一切都变成可能。

我相信这次训练将会成为我踏入社会工作的启蒙教育。它让我看到了自己身体内还没有被发掘出来的潜力，使我认识到了协作的集体的强大能量。为了达成一个共同的目标，每个队友都无私奉献，坚决地执行既定的决策和计划，那么这个团队必定是一个高效团队，一个让所有困难坍塌、所有对手畏惧的团队。相信这种思想将会一直指导我未来的工作。

最终我以一句话来总结我此次活动的感想：一同努力，一同接受重担，一同克服内心恐惧，一同完成任务，一同推心置腹，一同尽情高歌，一同成为最坚强有力的团队！

3.雄鹰

来不及欣赏美丽的景色，拓展训练就在一个意想不到的插曲中拉开了帷幕。经过"破冰"环节之后，我们被分成了几组，要求在30分钟之内选举队长、取队名、写队训和口号。拓展训练开始前的准备工作就让我们觉得气氛紧张得如同要上战场，几个队的比赛从这一刻就开始了。

响亮的口号、富有激情的队员，把美丽的训练基地映衬得更加光彩照人。我们进行了"传球""过障碍物""过电网""毕业墙"等许多项目的训练。在这一过程中，我们不仅自身充满了力量，也感受到了许久没有感受过的团队的力量和支持。每一个项目的操作过程都凝聚了所有队员的力量、团队的协作和策略，互相支持的团队精神和整体意识得到了充分的体现。

"传球"这个项目是让每个人拿长短不同的U形板，通过不断的接力，把球送到十几米以外的杯子里。虽然听起来很简单，但是做起来还是有一定困难且需要团队协作的。"过障碍物"是在两棵树中间挂一根绳子，充当障碍物，队友需要用事先准备好的2根长竹筒、1根短竹筒和3根绳子，去翻越障碍物。"过电网"则是在一个架子上有不同大小的格子，需要所有队友发挥智慧，把队员送到网的另一面。"毕业墙"这个项目则是在没有任何道具帮助的条件下，要求大家互相帮助，共同翻越高4米的墙。

"说，是一门艺术；做，是一种体验"。的确，拓展训练的每个项目都需要通过集体的力量和智慧来完成。在这次拓展训练中，我不仅突破了自我，还收获了很多。虽然时间很短，但我看到了集体力量的伟大，这些对我以后的生活和学习都是有很大帮助的。不仅如此，在这次训练中，我还结交了很多新朋友，感觉真的很棒。

4. 天天

对于学校组织的这次活动，坦白地说，我当初没有抱多大的期望，只是把它当作一次游玩，以此来放松自己压抑的心情和紧张的情绪。

当训练开始时，我渐渐发现我的想法是错误的。这是一次极有意义的活动，它拉近了人与人之间的距离，让我深切地感受到了队友的可爱，体会到了团结的力量，理解了团队精神的内涵。

纷乱的城市中，谁能信任？谁能相依？每个在城市中生活的人都不免会问自己这个问题。当我们问自己这个问题的时候，也是我们最孤独无助的时候。通过这次训练，我可以告诉自己有很多人值得我们信任和相依。只是我们要明白信任是彼此的，相依是相互的。"赠人玫瑰，手有余香"，爱的真谛是付出而不是索取。当每个人都想着去关爱、去理解自己身边的人的时候，还有什么解不开的疙瘩、过不了的坎。我告诉自己：从我做起，把关爱带进学习和生活中，让和我合作的人都闻到阳光的味道。

以共同的目标为核心、以严明的纪律为框架、以深切的关爱为纽带组织起来的团队才是有凝聚力的、有战斗力的。团结才有力量，教练说得很对：优秀的团队没有失败者，失败的团队没有成功者。我们在工作中是不是也应该改变一下方式呢？对我们的同事应该多些帮助，少些抱怨；对工作纪律的要求应该努力遵守，少些懈怠；对我们的工作应该多些热情，少些牢骚。这样我们的工作效率一定会提高，我们的团队一定战无不胜、攻无不克。团结就是力量，我坚信。

训练结束了，心情却难以平静。我看到了原来的我，我看到了同学间纯真的友情，我看到了人与人之间那份可贵的信任，我看到了藏在人们内心深处的善良品质，我看到了我们团队蕴藏的凝聚力。我被这一切深深地感动着。

5. 张杰

学校组织的这次拓展活动主要目的是培养我们对队友的信任、与人的沟通能力、对工作的投入、对自己责任的承担以及自信。

其中给我感触最深的是背摔项目，由于我的身材瘦小做不了中流砥柱，只能在最重要的三四组背后做辅助工作，使人床更加牢固。但在我们组最胖的队员倒下来，确切地说是坐下来时，我竟然条件反射般地跳开了，离开了自己的"岗位"，虽然马上又补了上去，可心里还是很难受，感觉辜负了大家对我的期望。虽然我的离开并没有造成什么影响，可是假如承担责任最重的队员也像我这样不负责任，后果真是不堪设想。这事已经过去一段时间了，我还是不能释怀。这件事让我明白我内心的责任感还有待加强，我相信以后无论做什么事我都会认真负责，不会再做逃兵。

印象较深的项目还有毕业墙，70多个人要在不借助任何外力的情况下，只用自己及队友的身体，爬过4米高的墙。在教练向我们讲述规则的时候，我心里想着怎么可能完成啊！感觉太难了。经过几分钟的讨论（这也是我在这次训练中学到的：做事前先讨论，有计划地去完成工作），我们确定了实施方案。我的队友们真的很不容易，他们的肩膀都被踩得红肿了，胳膊拉得都酸痛了，但他们的付出有了回报，我们仅用了25分钟就完成了任务。这些人梯队员是我们团队的英雄！

总之，我在这次拓展活动中学到了很多东西，希望以后还有机会参加这样的活动。

附录三

某高校三天团队拓展训练流程表

日期/时间	游戏活动说明		游戏意义	所需器具	备注
	8：30—11：30	学校艺术表演楼前大门集合、出发、到达、分组			
	11：30—13：30	午饭、休息			
D1	13：30—15：00	破冰	击掌游戏	启发向心力和凝聚力	无	
			缩小包围圈			
			松鼠与大树			
			一个也不能少			
	15：00—16：30	组建团队		选举队长，确定队名、口号；队形演示	刀旗、记号笔、剪刀、胶带	小结
	16：30—17：00	团队展示				
	17：00—17：50	蛟龙出海				
	18：00—19：00	晚餐				
	19：00—21：00	各团队小组活动（杯子歌）			杯子、音响	
	21：30—22：30	完成实训手册				
D2	6：30—7：30	早训、游戏（两块半、传递物资、老师说有取舍）			集体	
	7：30—8：00	早餐				
	8：30—11：30 14：30—17：30	穿针引线/穿越蜘蛛网		挫折教育	网（游戏专用）	AM：3个项目，PM：3个项目
		信任背摔		信任是合作的基础；充分的沟通与交流是建立信任的基础；自我挑战	绑脚绳	
		合力颠球		团队合作、耐力、沟通、组织协调、团队管理及心态管理、团队学习	球、绳、板	
		极速时限			数字牌（A5）、长绳子、粉笔	
		不倒森林			木棍、秒表	
		动力火车			动力火车板	
		能量传递			PVC管、乒乓球	
		呼吸的力量			PVC管、气球、吹嘴	

日期/时间	游戏活动说明	游戏意义	所需器具	备注
11：30—14：30	午餐，午休			
17：00—17：30	总结			
17：30—19：00	晚餐、休息、自由活动			
D2　19：00—21：00	心理游戏/撕名牌	观察能力、逻辑判断能力、想象力、语言表达能力、心理素质及表演能力	扑克牌/不干胶纸	组内
21：30—22：30	完成实训手册			
6：30—7：30	起床、洗漱、早训、早餐			
8：00—12：00	登山	耐力、信心、合作	药品	
12：00—14：30	午餐，午休			
D3　14：30—16：00	毕业墙	人力资源利用、团结一致、密切配合		
16：00—17：00	高台演讲	交流、升华		
17：30—18：30	晚餐、休息			
18：30—21：00	晚会			
D4　8：00—10：00	上交实训手册、集合、返校			

附录四

拓展常用器材名录

类别	器械（常用物品）名称和作用		品牌（产地）
非固定器材	剪刀、旗帜、记号笔、扑克牌、不干胶、乒乓球、篮球、数字牌、长绳、木棍、粉笔、记分板、PVC半切管、动力火车板、塑料杯、塑料网（穿越电网游戏专用）、绑带、眼罩等		就近购买或自制
场地器材	毕业墙、信任背摔台		购买或自制
高空项目	动力绳	因有一定的延展性，故能有效承受攀登者坠落而产生的冲坠力，却不会对人体造成伤害	Beal（France）
	静力绳	延展性极弱，不能用于保护可产生冲坠力的攀登者	Beal（France）
	扁带	适用于器械之间的连接和空中固定作业者，延展性弱	Beal（France）
	安全带	套在身上，起保护作用	Camp（Italy）
	铁索	用于安全带与保护绳间的连接，至少承受15KN的负荷	Camp（Italy）
	上升器	利用倒齿与绳索的单性咬接，使其在正常状态下能在绳索上单向向上运动，起到顺绳上攀和固定保护空中作业者的作用；承受拉力不小于5KN	Petzl（France）
	下降器	有8字环和Grigri等几种，用于空中操作、救援等；承受拉力不小于25KN	Petzl（France）
	头盔	头部保护	Camp（Italy）

参考文献

［1］许湘岳，徐金寿. 团队合作教程［M］. 北京：人民出版社，2011.

［2］康萨瓦罗. 户外培训游戏金典［M］. 派力，译. 北京：企业管理出版社，2011.

［3］孟玉婷. 团队合作能力训练教程［M］. 成都：西南交通大学出版社，2012.

［4］陈龙海，韩庭卫. 企业管理培训游戏全书［M］. 北京：地震出版社，2012.

［5］罗宾斯，贾奇. 组织行为学［M］. 14版. 孙健敏，李原，黄小勇，译. 北京：中国人民大学出版社，2012.

［6］孙智凭. 大学生心理健康与素质拓展［M］. 北京：中国传媒大学出版社，2013.

［7］经理人培训项目编写组. 培训游戏全案·激励［M］. 北京：机械工业出版社，2014.

［8］经理人培训项目编写组. 培训游戏全案·团队［M］. 北京：机械工业出版社，2014.

［9］经理人培训项目编写组. 培训游戏全案·沟通［M］. 北京：机械工业出版社，2014.

［10］陈龙海. 员工培训工具箱：企业员工素质培训大全（上）［M］. 广州：广东经济出版社，2015.

［11］陈龙海. 员工培训工具箱：企业员工素质培训大全（下）［M］. 广州：广东经济出版社，2015.

［12］韦斯特. 201种破冰方法：促进融合、活跃气氛与热身的有趣活动［M］. 王美芳，傅瑶，译. 北京：电子工业出版社，2016.

［13］鲁克德. 团队行为心理学［M］. 上海：立信会计出版社，2016.

［14］钱永健. 拓展训练［M］. 北京：企业管理出版社，2016.

［15］李冈圙. 做最好的拓展培训师［M］. 北京：企业管理出版社，2017.

［16］胡炬波. 户外运动与拓展训练［M］. 杭州：浙江大学出版社，2017.